魏礼群　李韬　主编

新型社会治理智库丛书

New Social
Governance Think Tank
Series

北京师范大学中国社会管理研究院
中国社会治理研究会数字治理分会　组织编写

Digital
Transformation and
Digital Governance

数字转型与
治理变革

李韬　李睿深　冯贺霞　王佳 / 著

北京师范大学出版集团
BEIJING NORMAL UNIVERSITY PUBLISHING GROUP
北京师范大学出版社

目 录
CONTENTS

序

魏礼群 *

当今世界，社会信息化进程加快，以数字化、网络化、智能化为特征的大数据、物联网、云计算、区块链技术快速发展，推动数字经济、数字社会蓬勃发展。数字技术成为经济和社会发展的新资源、新要素、新动能，对经济社会发展产生了日益广泛而深刻的影响，人类将迎来全新的数字时代。

在全球处于数字技术驱动大变革的新形势下，世界主要发达国家纷纷将数字技术广泛应用于政府治理和社会治理。近年来，党和国家高度重视实施网络强国战略、大数

---

* 国务院研究室原主任、国家行政学院原党委书记。

据战略。习近平主席指出，要"加快建设数字中国""运用大数据提升国家治理水平"。党的十九届五中全会提出，要"加大数字化发展""加强数字社会、数字政府建设，提升公共服务、社会治理等数字化智能化水平"。《中华人民共和国国民经济和社会发展第十四个五年规划和2035年远景目标纲要》中专列一篇，对"加快数字化发展，建设数字中国"做出具体部署。研究数字治理理论和实践，建设数字中国将是一个重大的历史性任务。

数字治理就是通过数字化、智能化手段赋能，促使社会治理向更加高效、更加科学、更加透明、更加民主、更加多元、更加包容、更加精细的方向发展。通过数字化手段的赋能，提升社会治理的数字化、智能化水平，不仅是更好地解决当前许多社会矛盾和问题的迫切需要，也是有效应对今后中国式现代化建设过程中即将面临的严峻风险和挑战的战略选择。为了加快推进数字化社会治理并取得实效，需要深入研究解决许多问题。

一是深入认识和把握数字治理的科学内涵及其要求。数字治理是数字技术、数字经济、数字社会、数字政府发展而产生的新型治理，涉及社会治理理念变革、治理方式转变、运行机制重构、政务流程优化、体制调整和资源整合。随着数字技术的不断发展，数字治理的理念、结构和体系也会不断发展。作为一种新型的国家治理和社会经济治理方式，需要对传统的公共管理理论、社会建设理论进行创新性发展，突出体现整体性治理理论、协同治理理论、网络化治理理论、数字治理理论，并使这些理论相融合，服务于经济社会高质量发展，助推中国特色社会主义事业。

二是坚持和完善共建共治共享的社会治理制度。共建共治共享是中国特色社会主义制度，这种社会治理制度把加强党的全面领导作为根本保证、把以人民为中心作为根本立场、把促进民主和法治作为根本方式、把实现活力和秩序相统一作为根本目标。在这个过程中，特别要坚持党对社会治理全面领导的多元主体协同共治原则，尊重人民群众在治理中的主体地位，坚持信息惠民，提供更多普惠便捷、优质高效的数字服务，让人们共享信息化发展成果。要有效协调政府力量、社会力量、市场力量，激发社会活力，促进社会正义和有序运行。在研究和实施数字治理中，必须有利于更好体现这些重要制度的基本要求，才能有力推进共建共治共享社会治理制度建设。

三是主动服务数字治理战略规划和顶层设计。要牢牢把握数字中国建设的时代方位、主要目标和重点任务。从新发展阶段全面建成社会主义现代化强国的战略高度和数字世界的发展大势，研究谋划数字治理的布局和体系，特别是在全局性的数字技术发展战略规划及大系统、大数据、大平台构建方面，从组织框架和制度规范上加以研究谋划，以使数字化治理工具符合全面建设社会主义现代化国家的战略目标、价值追求和道德规范，确保数字治理沿着正确方向健康发展。

四是善于运用系统性视角和观念研究数字治理。数字治理是一项系统性、整体性工程，单一的运行逻辑、监管逻辑、技术逻辑、市场逻辑都无法解决数字化发展带来的复杂问题和挑战，必须用系统观念、系统思维、系统分析方法来研究数字治理问题。也就是要将数字化进程中的发展问题、治理问题放在整个社会经济大系统中去观察、去研究，要从多方面、多角度对数字化发展产生的新情况，及其存在的问题、内在逻辑、平台治理、社会运行等问题进行深入研究，在综合考虑多方面因素的基础上，提出推动社会治理数字化、智能化的观点、见解或政策、举措、建议。

五是注重把技术创新与制度创新有机结合起来。数字治理是公共管理、社会治理理论与数据技术相结合的产物。数字技术已经成为政府组织、社会结构调整和变革的赋能者，数字共享平台构建成为数字政府、数字社会建设的基本条件支撑，整体性协同运行成为数字治理功能发挥的重要动力保障，社会治理主体的治理理念、治理角色、治理方式必须随之相应转变。要把社会治理变革与数字技术应用深度融合起来，大力推行"互联网+"社会治理模式，积极利用好数字技术，推进社会治理工作科学化、智能化、精细化、高效化。

六是着力提升数字社会治理效能和水平。推进数字社会治理的根本任务，在于提升社会治理效能和水平，将国家社会制度优势转化为治理效能。这需要深入研究加快数字社会建设步伐，推进新型基础设施建设，推动智慧城市与数字乡村建设，适应数字技术全面融入社会交往和日常生活新趋势，促进公共服务和社会运行方式创新，构筑全民畅享的数字生活。这需要提高数字政府建设水平，推动政府治理流程再造和模式优化，不断提升决策科学性和服务效率。这还需要营造良好的数字生态，坚持放管并重，促进发展与规范管理相统一，构建数字规划体系，营造开放、健康、安全的数字生态，包括建立健全数据要素市场规则，营造规范有序的政策环境，加强网络安全保护，推动构建网络安全空间命运共同体。

总体来看，现在无论是理论上还是实践上，数字治理建设都处于初创阶段，数字治理技术创新、理论创新、制度创新、政策创新都有待于深入探索和积极开拓。

面对数字转型的诸多重大挑战，必须切实发挥国家高端智库建言献策的作用。习近平主席指出，"要从推动科学决策、民主决策，推进国家治理体系和治理能力现代化，增强国家软实力的战略高度，把中国特色新型智库建设作为一项重大而紧迫的任务切实抓好"。北京师范大学中国社会管理研究院作为国家高端智库建设试点支撑单位之一，积极探索高校特色的新型社会治理智库建设之路，搭建了多学科交叉融合的智库平台，紧密围绕服务国家和社会治理的重大战略问题，砥砺前行、求真务实、改革创新、辅弼决策，不断为国家决策提供智力支撑，推动我国数字治理现代化进程。

李韬同志等所著《数字转型与治理变革》一书，是《新型社会治理智库丛书》的首部作品。该书从理论和实践两个维度入手，分析了治理的数字化转型的全球演进与中国探索，论证了数字治理的理论基础、概念内涵与分析框架，梳理了数字治理的年度关键词，剖析了中国数字治理的典型实践案例；全书的最后，对数字治理涉及的社会结构、公共事务决策、数字平权、非国家行为体、数字家庭、数字社会信任机制、数字法治、数字文明、数字技术创新和数字时代的军事安全等十个方面进行了展望，以激发更多的人在更广范围、更深层次上就数字治理展开深入探讨。

飞速发展的数字技术深入人类生产、生活的方方面面，深刻影响着经济社会和国际秩序的基本格局，社会治理的经典学说、基本理念和方式方法正受到前所未有的挑战与冲击。希望以本书的编写和出版为契机，在充分继承经典理论的基础上，紧扣现实洞察趋势不断创新，填补数字治理的理论空白，为丰富我国数字治理理论和实践提供有益的智力支持。

在《新型社会治理智库丛书》首部著作付梓之际，应邀写成上述文字。是以为序。

引　言

　　从刀耕火种到被钱学森译为"灵境"的虚拟现实（Virtual Reality，VR）技术，我们一方面看到人类总能利用新技术和新工具不断带来意想不到的惊喜，另一方面也不得不直面伴随技术的颠覆性革命而到来的一个"美丽新世界"。面对数字时代的崭新未来，数字技术所带来的种种"意外"将成为织就人类历史锦绣的绵密针脚，而对于数字技术和应用带来的诸般"挑战"所采取的治理行动亦将以改变时代的磅礴伟力，推动社会画卷徐徐展开，并对社会结构、民族文化、经济运行、个人心理、家庭关系等社会各个方面产生不可逆转的深刻影响。

　　从人类社会发展史看，迄今为止，不止一次发生过全球范围内的社会转型，但从未有如数字转型这般，涉及面如此之广、覆盖技术、社会、自然等诸多场域；也鲜有转型程度如此之深，促使政治、思想、文化等都必须做出适应性变革。这已不仅仅是人类社会对于新工具的被动接纳，也不仅仅是新技术在人类实践活动过程中的效用外溢，而是人与工具在历史发展进程中携手重塑社会，推动治理形态变革，迈入全新世代的生动实践。

毫无疑问，社会转型必然要经历脱胎换骨、浴火重生的过程，历史上的社会转型从不曾一帆风顺，越是重大的转型给人类社会带来的冲击与挑战就越大，当我们有幸成为数字转型的亲历者，我们理应为此感到自豪与骄傲，与此同时，也应意识到我们这代人所肩负的神圣职责——如何以更好、更高效的数字治理推动数字转型，为子孙后代乃至全人类成就一个美好的家园，而不是留下更多的问题。我们责无旁贷、必须唱好自己的这一乐章！

当今世界，无论哪个国家、地区，或是政府、企业、社会组织，概莫能外，都在经历着数字转型与治理变革，有些是人类历史从未见过甚至从未想象过的，如数据权属问题、算法权力问题；有些是经典社会问题在新条件下的不断演变或是"新瓶装旧酒"，如反垄断问题、数字家庭问题等。种种问题和挑战在历史转型期一齐涌现，相互激荡冲击着人类社会的方方面面，也对世界各国的政府治理、经济治理、社会治理等形成巨大的治理压力。

当前，数字技术正在步入代际跃迁、全面渗透、跨界融合、加速创新的关键阶段。技术是一柄双刃剑，其内在具有的不确定性，使人类不得不面对难以预期的风险，而人类在运用技术时的理性不足，又会加剧产生这种风险的可能性。数字时代，着眼技术驱动下的数字社会发展，应未雨绸缪，树立数字治理思维，涵养数字人文精神，培育数字责任伦理，并以之来匡正技术加速发展带来的各类风险。

置身这一伟大的历史变革，能否逐步提升数字治理能力，妥善应对数字治理挑战，将成为推进数字时代国家和社会治理现代化进程的关键，也将成为赢得数字时代人类社会发展竞赛的关键。我们坚信，中华民族必将在此关键历史时期的关键挑战中与时俱进、蹄疾步稳，以数字化赋能治理体系和治理能力现代化，走出一条具有中国特色的数字转型与治理变革之路，并在伟大创新实践的基础上构建出中国特色的数字治理理论体系，为人类社会的数字转型和数字治理树立光耀史册的中国样本，也为全球数字治理提供中国方案、贡献中国智慧。

治理的数字化转型：全球演进与中国探索

当今时代，以互联网、大数据、云计算、人工智能及物联网、区块链等为代表的数字技术与应用加速发展、跨界融合，已经全面渗透到人类生产生活的方方面面，对政治、经济、社会、文化产生了广泛而深刻的影响。数字技术的创新发展与应用，在培育新经济、促进新增长、开辟公共服务新渠道、满足个性化与便利化的服务需求、重塑政府治理流程、提升治理的精准化与高效化水平等方面发挥着重要作用。但同时，伴随着数字化、网络化、智能化的深入发展，网络主权与网络安全问题，隐私保护与数据安全问题，平台经济下的垄断竞争问题，工作性质变革及数字劳工问题，不同区域之间、不同群体之间的数字鸿沟与数字平权问题，互联网平台企业的社会责任问题，政府的数字化适应性问题等也日益突出，数字化浪潮下世界各国的政府治理、社会治理、经济治理、数据治理等面临一系列问题与挑战。数字化条件下，治理的数字化转型已成必然趋势，如何适应数字化变革的新趋势，树立数字化思维，创新治理路径和方法，提升数字治理的能力与水平，是时代给我们提出的一个重大课题。

一、数字时代治理面临的新情况、新问题、新挑战

2022年4月21日，中国国家主席习近平在博鳌亚洲论坛开幕式上强调，"当下，世界之变、时代之变、历史之变正以前所未有的方式展开，给人类提出了必须严肃对待的挑战。人类还未走出世纪疫情阴霾，又面临新的传统安全风险；全球经济复苏仍脆弱乏力，又叠加发展鸿沟加剧的矛盾；气候变化等治理赤字尚未填补，数字治理等新课题又摆在我们面前。"

客观来看，数字化时代全球范围的治理面临全新的问题和挑战：治理客体更加多变，更具复杂性和不确定性；治理主体更加多元，利益诉求与利益格局更加复杂、分化；治理逻辑更加多样，对治理主体的技术适应性与数字

治理能力要求更高；治理问题更加多维，涉及政治经济、国防军事、社会文化等各领域，需要多视角、多学科支撑解决。同时，这些问题带来的挑战也是世界各国共同面临的挑战，没有哪个国家和地区能够置身事外，独善其身。

治理客体更加多变，更具复杂性和不确定性。数字技术开辟了人类社会全新图景，也带来前所未有的风险挑战。正如基辛格所言，"网络空间挑战了所有历史经验，网络空间带来的威胁尚不明朗，无法定义，更难定性，网络通信在社会、金融、工业和军事部门的广泛应用带来诸多优势，也带来了前所未有的弱点"[①]。在物理空间、社会空间和网络空间的映射共振中，新的治理对象范畴不断发展创生。治理对象的动态多变，技术发展的不确定性及人类应用技术时的有限理性，必然使治理问题更加复杂多变。比如，数据权力、算法权力日益成为一种支配性、统治性的权力，乃至一种垄断性的权力，催生了政治、经济、文

---

① [美]亨利·基辛格著，胡利平、林华译、曹爱菊译：《世界秩序》，425页，北京，中信出版社，2015。

化、社会等各领域权力的调整、重塑和转移；数据成为新的生产要素，平台成为新的产业组织模式，互联网、大数据、智能算法这只"看不见的手"日益影响和改变着市场这只"看不见的手"；数字经济条件下平台企业的倾斜定价、"大数据杀熟"、垄断竞争等问题更具复杂性，垄断、竞争与创新的关系更具扑朔迷离，新的产业组织模式挑战了原有的监管模式；网络安全、数据安全与个人隐私保护问题凸显；技术变革带来的工作性质变革、就业保障问题，以及不同地区间、不同人群间的"数字鸿沟"等社会问题。

治理主体更加多元，利益诉求与利益格局更加复杂、分化。 在人类历史发展的绝大多数时期，政府一直在治理中处于支配性、统治性地位。然而，在数字化条件下，平台与企业、社会组织、网络社群、公民个人等在国家和社会治理中逐渐占据重要地位，政府不再是唯一有效的治理主体，数字化条件下的治理日益呈现出多元主体协同共治的格局。在全球治理和国家治理中，超大型互联网平台、匿名网络组织作为非国家行为体，日益发挥着重要作用。以大型互联网平台为例，在数字化条件下，平台不仅是典型意义上的纳税组织、商业组织，同时也是社会资源的整合主体、社会治理的参与主体、社会服务的执行和推动主体。拥有数据和算法技术的互联网平台、企业、社群或个人，在社会治理中日益拥有前所未有的影响力，社会权力呈扁平化扩散趋势。

治理逻辑特别是方式方法、工具路径更加多样，对治理参与者的技术适应性与数字治理能力要求更高。数字技术的应用，创新了治理方法，优化了治理模式，重塑了治理流程，助力了国家和社会治理的科学化、民主化、精细化、高效化。互联网、大数据、智能算法等技术和应用能够有效地集成国家在政治、经济、社会、文化、生态等各个领域的信息资源，为国家和社会治理提供重要的数据基础和决策依据，有助于实现治理科学化；智慧政务等可以突破时间和空间的限制，为公众参与国家和社会治理提供新渠道，公众通过互联网可以直接表达愿望和利益诉求，决策者通过互联网可以更多地了解实际情况，问政于民、问计于民，有助于实现治理民主化；数字化手段有助于解决社会治理和公共服务领域条块分割、信息不对称、响应迟滞、社会主体活力不足等问题，有助于推进治理精准化，实现精准扶贫、精准医疗、精准养老等；海量的共享数据以及更加专业化的数据开发应用，极大提高了公共信息透明度和便捷性，有助于促进治理高效化。

但同时，数字技术正在重塑治理参与者所需要的技能，对传统的治理模式、监管模式构成了新的挑战，在治理实践中，往往出现"老办法不管用，新办法不会用"，做工作力不从心，甚至对数字技术与应用敬而远之的现象。如何进一步提升对数字化发展规律的把握能力、对网络空间的治理能力、对数字经济发展的驾驭能力、对网络安全和数据安全的保障能力等，更好地用数字化手段感知社会态势、畅通沟通渠道、辅助科学决策、参与社会治理，是一个重要课题。

治理问题更加多维，涉及政治经济、国防军事、社会文化等各领域，需要多视角、跨学科支撑解决。经济全球化、数字化条件下全球政治经济格局剧烈变化，传统国家和社会治理体系受到巨大冲击挑战，"治理赤字"日益加剧。多元主体、多变客体、多样逻辑共同作用下的数字治理问题，以前所未有的多维面貌呈现在人类社会面前，特别是在网络空间的广泛互联和深入渗透之下，每个问题都有牵一发而动全身的潜在可能，不同程度地波及经济、政治、社会、文化、意识形态乃至国家安全和军事等各个貌似无关的领域。

当此历史时期，又逢传统地缘政治与新型数字政治相互叠加，既往大国霸权与新兴超级平台崛起相互激荡，任何国家都很难置身事外，独善其身。我们既要面对数字发达国家的数字治理问题，也要面对广大发展中国家、数字不发达国家的转型发展治理问题；既要关注网络安全与网络主权问题，也要关注数字发展权、治理权等问题。全球数字化发展不平衡、规则不健全、秩序不合理的沉疴痼疾将会成为全人类的共同考验。面对复杂多维的问题，其解决之道也不能从单一维度入手，需要多视角、多学科支撑解决，不但要综合各学科知识体系和思想资源，更需要世界各国的通力合作，发挥好双边、多边的作用，还要更好地发挥国际组织、行业联盟、平台企业、网络社群等多方的作用。必须抛弃冷战思维、零和博弈，高举人类命运共同体大旗，携手实现数字时代"地球村"的善治、良治与共治。

二、数字治理逐渐成为全球共识和行动

在全球分歧严重的后疫情时代，加强数字转型和数字治理是为数不多的跨文化共识之一。尽管诉求不一，但政府治理、社会治理、经济治理等治理的数字化转型逐渐成为全球共识。在全球数字治理方面，联合国等国际组织，以及美国、中国、欧盟、俄罗斯等国家积极推进自身数字化转型与数字治理进程，制定一系列数字治理法律、法规与标准，力图在全球数字治理领域谋求更大的话语权和主导权。

联合国等国际组织积极推进全球数字治理进程。2021年联合国《我们的共同议程》，倡导加强数字技术和网络合作，支持数字公域的有效治理，倡导联合国、各国政府、私营企业和民间社会形成一个多利益攸关方数字技术部分，商定全球数字契约，为全球建立一个开放、自由、安全的数字未来的共同原则。议程还提出，为了提高联合国效能，将通过"变革五重奏"发展包括数据、分析和传播，创新与数字化转型在内的数字治理新能力，促进全系统敏捷性、一体化和聚合力。2021年9月，联合国贸易和发展

会议发布《2021 年数字经济报告》，倡导创建新的全球数据治理方针与架构，促进数据尽可能自由地跨境流动。联合国秘书长安东尼奥·古特雷斯表示，开启数据治理的新道路，现在比以往任何时候都更加重要。当前碎片化的数据治理格局可能使各国无法充分获取数字技术带来的价值，还可能导致隐私泄露、网络攻击等重大风险。因此，全球亟须开展数据治理的创新实践，发展全球性数字公共品，增强互信并减少数字经济中的不确定性。

美国在推进治理数字化转型的同时，通过自身网络信息技术优势积极谋求全球数字治理规则的主导权、控制权。美国得益于其信息领域先发优势，在长期的发展中形成了相对完善、包容的政策体系，为数字化发展与治理提供了良好的政策环境。同时，加大数字法制体系建设，在网络空间治理、数字经济发展、数字技术研发与应用、数据安全与跨境流动、个人隐私保护等方面形成了较为完备的法律体系。如，针对隐私保护问题，美国出台了《信息透明和个人数据控制法案》《消费者在线隐私权法案》《数据隐私和保护法案》等。

表 1-1　主要国际组织关于数字治理的相关议题设置

议题	WTO	G20	OECD	G7	APEC	"一带一路"
人工智能		●	●	●		●
区块链			●			
加密资产		●	●			
宽带/数字基础设施		●			●	●
消费者政策		●	●	●	●	
数字经济		●	●	●	●	●
数字政府						●
数字税		●	●			
数字隐私					●	
跨境贸易/电子商务	●	●	●	●		

资料来源：中国信通院，《全球数字治理研究报告》，2022 年 1 月。

美国利用世界贸易组织、亚太经合组织以及双边、多边协定等方式积极推动其在全球数字治理中的主导权。2022年 4 月 28 日，美国联合欧盟、英国、澳大利亚和日本等发起《互联网未来宣言》，该宣言伙伴国家将在互联网和数字技术领域秉持一系列关键原则，在现有的多边和多方论坛中推广这些原则，将它们转化为具体的政策和行动，在尊重彼此监管自主权、遵守本国和国际法律义务的同时，促进在全球范围内实现这一愿景。该宣言以应对"数字威权主义"对全球互联网带来的威胁和挑战、促进"开放和自由"的互联网为由，在网络空间推行意识形态划线和国家对抗，是以美为首的西方对华实施战略遏制的又一新动作，标志着网络空间治理由模式之争转向价值观之争、网络安全由黑白对抗进入综合威慑阶段。另外，美国通过签订数字贸易协定来推广其倡导的贸易规则，已经签署了《美国—日本数字贸易协定》与《美国—墨西哥—加拿大协定》，并称"这是有史以来解决数字贸易壁垒的最全面、最高标准的贸易协定"。同时还指出，"美日两国作为世界上数字化程度最高的两个国家，可以在为其他国家制定标准方面提供示范效应。"2021年8月，美国副总统卡玛拉·哈里斯访问越南和新加坡，数字贸易协定与伙伴关系是其出访的首要议程。

欧盟通过"强监管""区域一体化"优势保障其在全球数字治理中的规则制定权和话语权。近几年欧盟在加速推动数字化转型，规范数字技术与数据在政府建设与市场发展中的应用方面持续发力，发布了数字政府建设规划，密集出台了一系列新的监管规则。欧盟充分利用其在法律规则和制度建设方面的传统优势，积极制定数字领域法律、规则和手册，试图引领全球数字治理规则。欧盟持续强化其在数据治理领域的规则制定权和话语权，2020 年发布的《欧洲数据战略》《欧洲人工智能白皮书》，强调建设欧盟"共同数据空间"和"单一数据市场"。针对个人隐私保护问题，欧盟出台《通用数据保护条例》（GDPR），界定数据主体的权力与数据隐私保护责任机制。针对数字经济与平台发展中的问题，出台《数字服务法案》《数字市场法案》等，明确数字服务提供方的责任与义务，加大了对平台企业的反垄断调查力度。针对人工智能技术发展与治理，2021 年 4 月，欧盟委员会发布了立法提案——《欧洲议会和理事会关于制定人工智能统一规则（人工智能法）和修订某些欧盟立法的条例》，以期通过建设可信人工智能，获取全球人工智能应用和技术伦理规则的主导权。2021年10月，欧洲议会通过决议，呼吁全面禁止在公共场所或者边境检查中实行大规模人脸识别、禁止使用私域人脸识别数据库以及根据行为特征进行预测性监管等。同时，决议对警方使用AI进行预测性警务活动也做出了严格限制。

日本、俄罗斯、印度、韩国等国家积极制定数字治理规划，形成了自己独特的治理体系，但在全球数字治理话语主导权、规则制定权等方面还难以与美欧等国家抗衡。而一些发展中国家在数字化转型与治理变革中，不仅在发展层面存在"数字鸿沟"，在数字治理层面更是存在"治理鸿沟"。

三、中国数字治理方兴未艾、加速发展

尽管与发达国家相比，我国在互联网领域起步稍晚，但庞大的人口基数和广阔的应用场景，为数字化的快速发展提供了有利条件。截至2021年12月，我国网民规模

达 10.32 亿，较 2020 年 12 月增长 4296 万，互联网普及率达 73.0%[①]。我国数字化发展进入快车道，数字经济蓬勃发展，数字生活方式快速普及，并驱动政务服务、经济发展和社会治理领域的全面数字化转型。

数字政府建设与治理取得积极成效与进展。通过数字化、智能化手段赋能数字政府建设，有助于实现服务流程再造、提高政府服务效能，促使政府治理向更加科学、高效、透明、民主、包容、精细的方向发展。各级政府因地制宜创新了数字政府治理实践。从浙江的"最多跑一次"，到上海的"一网统管"与"一网通办"，再到天津党管数据下的津门"智"理、安徽省芜湖市数字赋能市域社会治理、深圳市龙华区"数治为民"的基层数字治理模式。这些创新实践一方面极大方便了各类市场主体和社会公众，另一方面也为创新政府治理新模式、构建新型政务服务和数字治理体系提供了实践基础。在党和政府的大力推动下，各

---

① 中国互联网络信息中心：《第 49 次中国互联网发展状况统计报告》，2022。

地各部门深化"互联网＋政务服务"，助推"放管服"改革，90%的政务服务实现网上办理[①]。2021年，全国一体化政务服务平台实名用户超过10亿人，其中国家政务服务平台注册用户超过4亿人，总使用量368.2亿人次，为地方部门提供身份认证核验服务29亿余次[②]。

数字经济发展与治理体系逐步完善。 2021年，中国数字经济规模达到45.5万亿元，占GDP比重为39.8%。数字经济快速发展一方面推动传统产业转型升级，为中国经济增长提供了新动能，成为带动我国国民经济发展的关键力量；另一方面也不可避免地对原有监管模式、就业结构、劳动关系、分配关系等带来冲击和挑战。近年来，党和政府推出一系列加强数字经济治理、反垄断和反不正当竞争、维护劳动保障权益的政策措施，提出要把握数字经济发展趋势和规律，推动我国数字经济健康发展，完善数字经济治理体系。国务院《"十四五"数字经济发展规划》

① 李克强：《在国务院第五次廉政工作会议上的讲话》，新华社，2022-05-14。
② 中国互联网络信息中心：《第49次中国互联网络发展状况统计报告》。

提出，"探索建立与数字经济持续健康发展相适应的治理方式"，"建立完善政府、平台、企业、行业组织和社会公众多元参与、有效协同的数字经济治理新格局"，为加强数字经济治理指明了方向。

数字社会治理成效凸显。数字技术正以前所未有的规模和速度服务、赋能社会的发展与治理，依托数字技术和平台面向百姓提供个性化服务、开展精细化治理，既包含了以每人每户为中心的个性化数字化空间治理，也包含了覆盖每分每秒的全天候数字化时序治理，更包含了虚实融合的多维度数字化活动治理，这些都深刻改变着传统的社会治理。近年来，我国在社区治理、社会服务、应急服务管理及数字健康、智慧教育、智慧养老等方面开展了积极探索。在这次新冠肺炎疫情防控中，数字技术和应用在疫情监测分析、病毒溯源、在线咨询、防控救治、物资调配等方面发挥了重要支撑作用，有效助力复工复产，保障了疫情期间人民群众工作生活有序开展。数字抗疫是重大突发公共卫生事件下对各级政府数字执政能力的极限考验，是数字社会全社会数字治理能力的集中体现，其中蕴含的科技创新、政府治理、社会治理、平台治理、公共服务、国际治理等领域的丰富理论和实践成果，具有重大意义。

数据治理逐渐形成了基本的制度、标准体系。数据是数字时代最为重要的战略资源之一，国家高度重视数据治理相关制度、标准建设与数据安全问题。近年来，我国陆续制定发布《中华人民共和国网络安全法》《数据安全管理办法》《国家健康医疗大数据标准、安全和服务管理办法》等一系列数据治理、数据安全相关政策法规。2021 年 6 月，我国正式发布《中华人民共和国数据安全法》，并于 2021 年 9 月 1 日起正式施行。

2014 年工信部和国家标准化工作委员会指导成立了"全国信标委大数据标准工作组"，负责制定和完善我国大数据领域标准体系，组织开展大数据相关技术和标准的研究。2021 年 12 月，中央网信办发布"十四五"国家信息化规划，提出要强化国家数据治理协同，健全数据资源治理制度体系，建立完善数据管理国家标准体系和数据治理能力评估体系。同年 12 月，中国通信标准化协会发布了《数据治理标准化白皮书（2021年）》，给出了数据治理"4W1H"的标准化框架，并提出了"战略重视、组织保障""责任共担、协调配合""业务驱动、问题导向""流程嵌入、实用落地""服务导向、量化评价"五项数据治理基本原则。2021年5月，国家发展改革委、中央网信办、工业和信息化部、国家能源局联合印发了《全国一体化大数据中心协同创新体系算力枢纽实施方案》，布局在京津冀、长三角、粤港澳大湾区、成渝、内蒙古、贵州、甘肃、宁夏等8地启动建设国家算力枢纽节点，并于次年规划了10个国家数据中心集群，正式启动"东数西算"工程。

此外，在数字城市治理、数字乡村治理等方面进行了积极的探索，取得了较好的治理成效。

数字城市治理方面，数字技术正以前所未有的规模服务和赋能数字城市建设与治理。运用大数据、云计算、区块链、人工智能等前沿技术推动城市管理手段、管理模式、管理理念创新，从数字化到智能化再到智慧化，让城市更聪明一些、更智慧一些，是推动城市治理体系和治理能力现代化的必由之路，前景广阔。当前，我国智慧城市建设

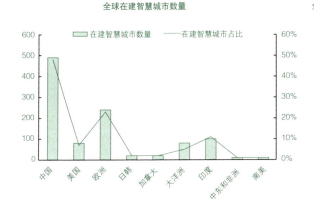

图 1-1　全球数字城市建设情况

数据来源：中国、印度、美国交通部、欧盟、日本、韩国等政府公开资料，德勤研究等。

规模处于世界领先地位，但在治理的质量、效率、安全保障等方面还有待进一步提升。

从智慧城市到新型智慧城市，再到数字城市治理，不单纯是名称概念的变化，更是发展理念的跃升。目前我国现行的含有"智慧城市""数字城市""数字化城市"主题相关的国家标准超过 40 项[①]，主要集中于城市基础设

---

① 根据国家标准委员会官网查询，2022 年 3 月。

施数字化、城市新型基础设施、网络安全等方面。在城市数字基础设施得到长足发展后，数字城市治理也开始陆续进入各地政府的关注视野，北京、上海、天津、杭州、深圳等地先行先试，创新和丰富了我国数字城市治理实践。

数字乡村发展与治理方面， 党的十八大以来，党中央作出一系列重要战略部署，《中共中央国务院关于做好 2022 年全面推进乡村振兴重点工作的意见》《数字乡村发展行动计划（2022—2025 年）》《中共中央国务院关于做好 2022 年全面推进乡村振兴重点工作的意见》等鼓励大力推进数字乡村建设。2022 年 1 月中央网信办等部门发布的《数字乡村发展行动计划（2022—2025 年）》提出"到 2025 年数字乡村发展取得重要进展"的目标任务。浙江、河北、江苏、山东、湖南、广东等 22 个省份相继出台数字乡村发展政策文件，统筹协调、整体推进的工作格局初步形成。在数字乡村快速推进中，必然会涌现出各种各样的数字治理问题。各地积极推进数字乡村治理的探索实践，在乡村政务、智慧养老、数字产业、数字民生等方面，涌现出了"农村政务服务一网通""互联网＋智慧养老""百姓通数字平台"等实践探索。

在中国蓬勃发展的数字治理进程中，一些平台和企业依托自身技术、资源等优势积极参与数字治理实践。数字政务、数字医疗、远程办公以及城市大脑、人工智能与社会融合等创新应用，不仅缩减了服务流程，提高了治理效率，还极大提高了人们的获得感、幸福感。如，华为通过智能解决方案助力环境治理，采用全球领先的水平单轴自动跟踪技术提升环境治理效率。阿里巴巴充分利用其技术平台优势，通过助力政府搭建一体化政务服务平台等方式，以数字化赋能政府治理、城市治理，并通过"小棉袄计划"帮助老年人跨越"数字鸿沟"。旷视科技积极推进人工智能与社会治理、城市治理的融合发展，推动民生服务和社会安全防控体系的深度融合。安天科技依托数字安全大脑夯实城市数字治理的网络安全根基。微医通过数字卫生健康共同体建设助力基层医疗卫生治理的数字化转型。

数字治理：理论基础、概念内涵与分析框架

　　随着数字技术在治理中的创新应用，治理的内涵外延、主体客体、理念原则、制度机制、方法路径、结构流程等都发生了深刻变化。近年来，围绕数字治理，一些学者基于不同学科背景，从政务信息化、电子政务、数字政府、数据治理、平台治理、互联网监管、互联网治理等视角进行了深入研究。围绕数字治理，不同学科、不同理论视角的理解有交叉和共识，也有分歧和差异。从最初的政府治理，到信息化条件下的政务信息化、电子政府，再到数字化条件下的数字政府、数字社会、数字经济，以及平台治理、数据治理等，数字治理的概念内涵与外延发生了深刻的变化。本章将重点围绕数字治理的理论基础、概念内涵与分析框架展开论述。

一、理论基础

在词源上,"治理"一词源自希腊语动词"Kubernan",意思是"驾驶"或"转向",柏拉图首次将这种"治理"理念用于国家规则系统的设计。14 世纪中叶（1338—1339 年），意大利艺术家安布罗吉奥·洛伦泽蒂（Ambrogio Lorenzetti）创作了一组壁画（三幅），他通过壁画批判性地分析了"好政府"和"坏政府"的区别。壁画的一部分描绘了好的政府——有一个美丽的城市，年轻女子在跳舞、孩子们在玩耍、男人们在工作；而壁画的另外一部分，描绘了糟糕的政府——没有正义、没有人在工作，只有杀害男性和强奸女性的活动。传统意义上的"治理"，是政府对国家的治理，是政府行使领导权力提升公民福利的制度安排与活动等[①]。

现代意义上的"治理"于 20 世纪 80 年代被广泛应用于政策报告与学术研究中。1989 年，世界银行在《撒哈拉

[①] Biswas A, "Governance: Meaning, Definition, 4 Dimensions, And Types", *School of Political Science*, 2020, https://schoolofpoliticalscience.com/definitions-and-types-of-governance/.

以南非洲：从危机到可持续增长》报告中，首次用"治理危机"来概括当时非洲的发展情形之后，"治理"一词便被引入经济、政治、社会等多个领域，提出了公司治理、社会治理乃至全球治理等概念。在治理的各种定义中，全球治理委员会在 1995 年做出的如下界定，具有较大的代表性和权威性，"治理是或公或私的个人和机构经营管理相同事务的诸多方式的总和。它是使相互冲突或不同的利益得以调和并且采取联合行动的持续的过程。它包括有权迫使人们服从的正式机构和规章制度，以及种种非正式安排。而凡此种种均由人民和机构或者同意、或者认为符合他们的利益而授予其权力。它有四个特征：治理不是一套规则条例，也不是一种活动，而是一个过程；治理的建立不以支配为基础，而以调和为基础；治理同时涉及公、私部门；治理并不意味着一种正式制度，而确实有赖于持续的相互作用。"[①]

---

① 参见全球治理委员会：《我们的全球伙伴关系》，牛津，牛津大学出版社，1995。

从公共管理理论视角看，数字治理是一个更广泛的总称，指的是信息与通信技术关系的网络化扩展，包括更快地访问网络、移动服务交付、网络、电话会议和使用多渠道信息技术来完成更高级别的双向交易，并论述了从电子政务向数字化政务转变的必然性，强调公民参与和信息技术对实现政府治理变革的重要性[1]。政府服务信息化实质上是电子政务的早期阶段，主要强调政府通过信息化的方式提供管理与服务。随着信息与通信技术的不断发展，电子政务从开始的单向信息化服务向政府与企业、公民等各参与主体的互动转变，向更为全面、系统、多渠道地向公民等参与主体提供双向、多向的服务转变[2]。政府数字化治理是一个不断迭代演进的发展过程，政府治理信息化、电子政务、数字政府等概念侧重强调数字技术在政府治理中的重要作用。

---

[1] Milakovich, M. E., "Digital governance: New technologies for improving public service and participation", London, Taylor and Francis, 2012, https://doi.org/10.4324/9780203815991.

[2] Milakovich, M. E., "Digital governance: New technologies for improving public service and participation", London, Taylor and Francis, 2012, https://doi.org/10.4324/9780203815991.

从双边市场理论视角看，数字化条件下，平台日益成为重要的产业组织、社会组织新模式，平台既是被治理与监管的对象，也是一个新型的治理主体，如何实现有效的平台治理成为数字化条件下治理的一个新课题。平台治理是一组关于哪些主体参与生态系统、如何进行价值分配，以及如何解决冲突的规则集[①]。罗歇（Rochet）与梯若尔（Tirole）构建了一个具有双边市场的平台竞争模型[②]。一些研究基于政府治理、平台治理双重治理视角研究平台企业的治理问题。

从增长理论视角看，数据成为一种新的生产要素，经济产出等于"生产函数"作用于"土地、劳动力、技术、资本、数据"。数据在生产生活中的创新应用对政府治理、社会治理、经济治理带来了一系列问题挑战。关于数据治

---

① Geoffrey Parker, Marshall Van Alstyne, "Innovation, Openness, and Platform Control", *Management Science*, 2018, pp.3015-3032, https://doi.org/10.1287/mnsc.2017.2757.

② Jean Charles Rochet and Jean Tirole, "Platform Competition in Two-SidedMarkets", *Journal of the European Economic Association*, vol.1, no.4, 2013, pp.990-1029.

理，相关研究主要集中在对数据的治理与用数据的治理两个方面，对数据的治理是把数据作为治理对象，用数据的治理侧重于将数据作为治理工具。随着数据逐渐成为一种新的生产要素，摩尔定律逐渐从硬件摩尔定律向数据摩尔定律转型[①]，数据治理的内涵不断丰富，维度和层级不断拓展、深化，从最初关注企业内部的数据治理向关注政府数据治理，再向关注平台生态系统数据治理转变。

二、概念内涵

(一) 概念界定

关于数字治理，此前概念不一。电子政务、数字政府、平台治理、数据治理等概念影响广泛、众说纷纭。数字治理的概念与电子政务、数字政府、数据治理等概念相

---

① 参见王小林、张晓颖、冯贺霞等：《平台经济：数字技术与智能科技南南合作》，见南南合作金融中心、联合国南南合作办公室：《数字世界中的南南合作》，北京，社会科学文献出版社，2019。

比，其内涵更加深刻、外延更为广泛，更具包容性。本书所指的数字治理，是数字技术条件下，以政府为主导，平台与企业、社会组织、网络社群、公民个人等多元主体协同参与相关事务的制度安排和持续过程。数字治理是以公共利益增进、个人福祉提升为目标的治理，是多元主体协同参与、数字化赋能的治理，是开放共享、包容创新的治理。数字治理概念涵盖了数字政府治理、数字经济治理、数字社会治理、数字技术治理等，既有基于数字化手段的治理，又有对数字化发展引发问题的治理①。

此外，从治理范围来看，既包括宏观层面的全球治理、国家治理，也包括中观层面的产业治理，还包括微观层面的平台治理、企业治理、社群治理等。从治理的动态过程来看，数字治理作为数字技术、数字经济、数字社会、数字政府在发展中产生的一种新型治理，包括社会治理理念变革、运行机制重构、治理方式转变、政务流程优

---

① 李韬、冯贺霞：《数字治理的多维视角、科学内涵与基本要素》，载《南京大学学报（哲学·人文科学·社会科学）》，2022（1）。

化、体制机制调整与资源整合等[1]。

（二）概念辨析

数字治理作为一个包容性很强的概念，与数字政府、数字经济治理、数字社会治理、数据治理等概念既有涵盖、交叉，又有异同，本书重点对这些概念进行辨析[2]，以深化对数字治理概念的理论认知。

数字治理与数字政府。数字政府相关研究主要集中在政府信息化、电子政务等方面，虽然对数字时代治理概念界定的侧重点不同，但总体上着重在于描述数字时代的政府治理是什么，或者应该是什么[3]。数字政府强调的是以数字化方式重塑政府运行过程和服务模式，强调政务活动内容的数字化创新[4]。事实上，政府信息化、电子政务、数字政府

① 魏礼群、顾朝曦、倪光南、汪玉凯、李韬：《数字治理：人类社会面临的新课题》，载《社会政策研究》，2021（2）。

② 李韬：《深刻认识和把握数字治理的内涵与实践进展》，载《中国党政干部论坛》，2022（9）。

③ 黄璜：《数字政府：政策、特征与概念》，载《治理研究》，2020（3）。

④ 何圣东、杨大鹏：《数字政府建设的内涵及路径——基于浙江"最多跑一次"改革的经验分析》，载《浙江学刊》，2018（5）。

等都是政府治理在不同技术条件与时代背景下的概念变体 ①，政府数字化治理是一个不断迭代演进的发展过程，政府信息化、电子政务、数字政府等概念侧重强调数字技术在政府治理中的重要作用，着重突出通过信息化、网络化、数字化、智能化的手段解决政府治理中的复杂性问题。总体来看，数字政府更加强调的是政府层面的治理，数字治理的概念内涵更加丰富、更具包容性。数字政府强调的是政府通过数字化手段有效地强化其监督、规划、组织、协调等治理效能和透明性，主要以政府为主导的政务性事务为治理对象。数字治理既包括宏观层面的全球治理、国家治理、社会治理等，还包括行业治理、产业治理、平台治理、企业治理、社群治理等中观、微观层面的治理。从治理手段来看，政府治理与数字治理都突出数字化手段在治理中的赋能作用，突出数据的基础性作用、数字技术和平台的支撑作用。从治理目标来看，数字政府与数字治理都突出强调的是公共利益的增

---

① 王伟玲：《加快实施数字政府战略：现实困境与破解路径》，载《电子政务》，2019（12）。

进、个人福祉的提升、治理效率的提高。

数字治理与数字经济治理。 数字经济治理主要是政府管理部门及其他主体综合运用政策、法律、市场、技术、道德伦理及舆论监督等多种手段对数字经济发展中各类问题的治理。习近平主席指出，要"完善数字经济治理体系，要健全法律法规和政策制度，完善体制机制，提高我国数字经济治理体系和治理能力现代化水平，要完善主管部门、监管机构职责，分工合作、相互配合。要改进提高监管技术和手段，把监管和治理贯穿创新、生产、经营、投资全过程。要明确平台企业主体责任和义务，建设行业自律机制。要开展社会监督、媒体监督、公众监督，形成监督合力"①。事实上，数字经济治理是数字治理中最基础、最活跃的部分，数字经济发展中面临的一系列问题也是数字治理中最具复杂性、先导性、挑战性的问题，数字经济治理可谓是数字治理的源头活水，为数字治理提供丰富的实践场景与案例，数字治理的治理原则、治理工具、治理评价

---

① 习近平：《不断做强做优做大我国数字经济》，载《求是》，2022（2）。

等也可为数字经济治理提供理论方法和指导。

数字治理与数字社会治理。党的十九届五中全会提出，要加强数字社会建设，"提升公共服务、社会治理等数字化智能化水平"。数字化、智能化的发展，促使社会结构和社会运行机制发生深刻变化，在为生产生活和社会治理带来便利化、高效化、精准化、透明化的同时，也带来了一系列问题及挑战。数字社会治理主要是指依托数字技术和数字平台，多元主体协同参与对社会事务的治理。数字社会治理是数字治理的应有之义，也是数字治理中最能体现共建共治共享价值理念的治理。在实施和研究数字治理中，必须坚持党对社会治理全面领导的多元主体协同共治原则，尊重人民群众在治理中的主体地位，坚持信息惠民，提供更多普惠便捷、优质高效的数字服务，让人们共享信息化发展成果，有效协调政府力量、社会力量、市场力量，激发社会活力，促进社会正义和有序运行，有力推进共建共治共享社会治理制度建设[①]。

---

① 魏礼群、顾朝曦、倪光南、汪玉凯、李韬：《数字治理：人类社会面临的新课题》，载《社会政策研究》，2021（2）。

数字治理与数据治理。数据自古就有，将数据应用于国家和社会治理具有悠久传统，但直到数字社会的到来，数据才成为一种新的生产要素，在国家和社会治理中的作用日益凸显。关于数据治理，由于研究视角的不同，对于其认识也存在较大差异，相关研究主要集中于两个方面，一是对数据的治理，二是用数据的治理，对数据的治理是把数据作为治理对象，用数据的治理侧重于将数据作为治理工具。数据治理源于早期的 IT 治理，与以 IT 系统、设备等做为治理对象的 IT 治理不同，数据治理的对象是数据[①]。事实上，数据治理的内涵非常丰富，既包括微观层面的企业内部的数据治理，也包括对数据本身的治理，还包括通过数据工具实现政治、经济、社会的治理。整体来看，数据治理的维度和层级在不断拓展、深化，从最初关注企业内部的数据治理向政府数据治理、再向平台生态系统数据治理转变。总体来看，数据治理是更强调数据作为治理对象和治理工具，与数字治理更宏大的关切和视野相比，

---

① Vijay Khatri, Carol V. Brown, "Designing data governance", *Communications of the ACM*, 53(1), 2010, pp.148-152.

是更加具象的治理，突出的是对数据的治理，以及以数据为手段对政务性事务及活动、企业内部的事务及活动的治理。客观来看，数字治理与数据治理都是源于数字技术变革和驱动的治理，是数字技术与原有体制机制相融合、嵌入的过程。这一过程包含了技术逻辑、行政逻辑和市场逻辑，如何将技术逻辑与行政逻辑、市场逻辑有效结合在一起，应当进行深入系统的研究。

三、分析框架

一般而言，关于治理的分析框架包含问题、社会规范、行动者、节点、过程[①]，以及结构、机制和战略[②]等方

---

① Hufty M., "Investigating Policy Processes: The Governance Analytical Framework (GAF)", *Research for Sustainable Development: foundations, Experiences, and Perspectives*, 2011, https://ssrn.com/abstract=2019005.

② David, L., "From 'Big Government' to 'Big Governance'?", in Levi-HaurD. eds., *The Oxford Handbook of Governance*, Oxford, Oxford University Press, 2012, pp.3-18.

面的含义。作为过程，治理意味着是一系列状态下利益相关者、社会规范以及节点之间的相互关系；作为行动者，治理意味着有政府、市场、社会等多重主体针对治理问题采取的系列活动、协议或者决定；作为治理机制，治理应包含决策、遵守和工具的制度程序；作为战略，治理应包含行动者设计制度和机制，塑造社会选择和社会偏好。

本书从治理的基本原则出发，重点分析数字化条件下，治理主体、治理客体、动力机制、工具方法等发生的根本性变化，以此构建我国数字治理实践与理论的分析范式。

（一）基本原则

基于数字条件下的治理，应坚持以人为本、公平正义、透明开放、共享共治、简单易行五项治理原则。数字治理首先应是以人民为中心、以人的发展为目标的治理，人自身的自由全面发展是衡量经济发展和社会进步的根本标尺，也是数字化时代治理的核心要求；公平正义是社会发展与治理的首要原则，数字化的发展不能偏离正义的轨道，应坚持包容、普惠、均等的理念，让不同国家、不同地区、不同群体、不同个体、不同代际之间拥有大致均等的参与权、发展权与治理权；开放、透明与创新是互联网的基因，也是数字治理应秉持的一个原则；数字治理是多元主体共享共治的治理，是有助于帮助所有参与者实现价值共享或增值的治理；数字治理是技术赋能的治理、是流程再造的治理，相关的规则、流程、机制、方法都应简单易行，能更好地指导治理实践[①]。

简单易行
治理结构应尽可能有效地设计和实现，且相关的政策、规则能很好地指导实践。

共享共治
数字治理策略应是多主体协同治理，应是有助于帮助所有参与者实现价值共享或增值。

以人为本
人自身的自由发展是衡量经济发展和社会进步的根本尺度。数字治理首先应是以人的发展为目标原则的治理。

公平正义
相关的制度、政策、规则等应对每个人都适用，包括不同国家之间、不同群体之间、不同个人之间、不同代际之间的不一致。

透明开放
信息透明，如，针对平台企业的治理，透明不仅包括平台内部的信息透明，还包括平台用户的外部透明。

图 2-1　数字治理的原则

---

① 李韬、冯贺霞：《数字治理的多维视角、科学内涵与基本要素》，载《南京大学学报（哲学·人文科学·社会科学）》，2022（1）。

（二）多元主体

数字治理是不同参与主体对数字化条件下问题的全过程治理，涉及政府、市场、社会组织等主体在解决数字治理问题中的关系和责任，涉及治理主体对数字化条件下问题的识别、分析、监测、评估等。在数字治理的过程中，既要发挥好政府的主导作用，也要更好地发挥平台企业、社会组织、智库高校、网络社群、公民个人等参与治理的积极作用。

政府拥有其他治理主体和社会成员所不具备的能力，如司法强制力和跨区域整合协调的力量。相比其他治理主体，更具约束力和强制力，在传统意义的治理实践中，政府具有较为鲜明的支配性，而其他主体或是大多处于从属和被动地位，治理行为由此体现出较为明显的单向作用特性。而数字化条件下，政府的角色定位正逐渐从信息"垄断者"向信息"提供者"、从"管理者"向"服务者"转变、从多方治理的"决策者"向多方治理的"引导者"转变，这意味着政府不再强调对社会事务的统治和控制，而是通过一定的法制、机制和制度，加强与社会成员的良性互动，扩大社会成员的知情权、参与权和监督权，营造与社会成员一起协同治理社会事务的社会生态。

社会组织、平台或企业、网络社群以及公民个人在数字时代作为治理主体的主动性显著上升。网络社群作为网络空间中的基本组织形式，通过积极参与治理和评价，日益成为影响网络空间及现实社会的重要力量。平台或企业作为数字技术及其应用的主要提供者、数字环境的主要建设者，具有其他主体难以企及的技术权力和资源能力，迅速成为数字时代举足轻重的治理主体。以社会团体、基金会和社会服务机构为主体组成的社会组织，是我国社会主义现代化建设的重要力量，数字技术为其发挥服务国家、服务社会、服务群众、服务行业的作用提供了重要助力。公民个人作为数据资源的关键提供者，其数字素养的不断提升使其参与治理的积极性和主动性不断提高。

（三）多变客体

治理客体是指治理过程中的对象，意即是多元主体共同协商、参与实施的具体事务和问题。在数字技术作用下，新技术新应用不断催生新的社会现象、引发新的社会问题，与既有的社会体系激荡互动，数字治理的客体因此呈现出动态多变的时代特征。在物理空间、社会空间和网络空间的映射共振中，新的客体范畴不断发展创生，既有客体不断演化，初步可概括为三个空间、九大类、若干项问题。

在物理空间，数字技术在现代文明社会的"城市、乡村、自然"三元结构中发挥着日益重要的作用。推动城市基础设施向数字化、智能化、网络化方向发展；城市空间结构向聚落化、碎片化、个性化方向发展；城市空间利用日益呈现出虚实融合、多向拓展的数字化特征。乡村的空间离散问题因数字技术的介入和应用由历史的"难题"成为新时代的"趣味"；乡村公共服务的均等化、普惠化问题在数字时代呈现出泾渭分明的两种不同发展趋势；数字资源不均等的制约成为影响乡村治理的关键因素。自然生态的治理在数字技术作用下获益匪浅，环境保护的数字化工具日益完善；生态产业在数字技术作用下快速发展；人居环境协调发展的重要原则在数字时代呈现出全新样貌。

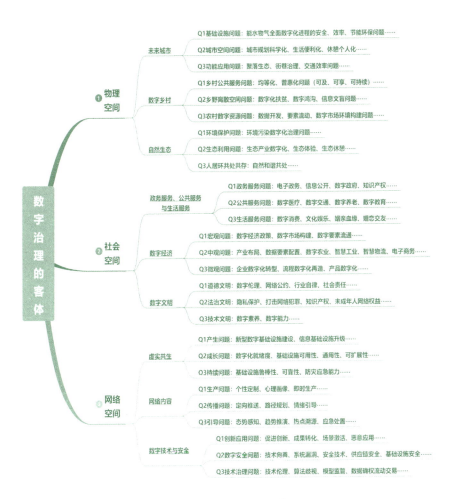

图 2-2　数字治理的客体

在社会空间，数字经济的发展与社会服务的演进相辅相成，共同推动数字文明阔步前行。宏观经济层面，数字化转型时期政策对于市场构建和要素流通的影响日益凸显；中观层面，产业布局问题、数据要素配置问题、应用场景等问题成为数字经济健康发展的核心议题；微观层面，各行各业的大企业和中小微企业面临的数字化转型问题同样艰巨，流程数字化再造、产品数字化重塑既是生死考验，也是涅槃重生的终极一跃。政务服务经由电子化进入数字化、智能化阶段，已经逐步触及了改革的深层次矛盾和问题，体制改革成功与否很大程度上取决于党员干部使用和驾驭数字化的能力和水平；公共服务在数字技术的助力下效率大为提高，服务的便利化和个性化成为满足大众需求的关键标尺；生活服务的日益多元化、精细化大大提升人民群众幸福感和获得感，数字技术在其中的作用至关重要。数字文明成为继农业文明和工业文明后的又一重要文明形态，人类社会的道德承继在数字时代生发出的数字伦理问题、网络公约问题、平台责任问题等成为形塑未来社会价值观的关键支点；法治观念和法律工具作为人类社会的秩序基石，正在经受数字技术的冲击，网络犯罪、数字隐私等问题推动法治环境的数字化转型；而数字技术对于人类文明的广泛影响也宣示着技术文明再度占据历史前进的关键位置，数字素养和数字能力成为文明赓续的决定性因素，人类世界的文明格局正在被重新谱写。

在网络空间，数字技术的发展已经使得虚拟空间具备与现实空间共生共存的可能，国家作为当今人类社会最为重要的组织形式如何有效映射到虚拟空间，成为"数字国家"得以诞生和存续的关键环节；数字化就绪度、基础设施的可用性和扩展性在很大程度上决定着国家数字化转型的成败；而其鲁棒性和可重构能力成为决定数字治理可否持续的关键度量。在网络内容方面，个性定制、即时生产对数字技术特别是人工智能技术的发展与应用提出了极高的要求；算法推荐、个性化新闻成为改变媒介格局的双刃剑，考验着各方主体的治理智慧，也加速着媒介自净和自律的速度；如何实现网络空间态势的实时感知，实现社情民意的有效疏导，成为数字时代影响国家认同和社会稳定的重大挑战；而作为时代转型源动力的数字技术，如何客观看待其发展中带来的各种问题，有效促进其创新及合理应用，有效规避其恶意应用将成为影响数字治理成效的基础性问题；解决面对日益严重的网络安全挑战成为决定网络空间是蛮荒之地还是乐土家园的关键战役；强化技术伦理，攻克算法歧视和模型监督成为数字时代健康发展的基本前提。

（四）多样工具

政策工具：国家意志的集中体现。政策是现代国家开展治国理政的基本工具，也是国家意志和国家战略的集中体现。传统意义上的国家政策具有政治性、权威性和时效性等特征。数字时代因治理主体的多元化趋势，导致政策工具的协商性、民主性特征更为凸显，权威性被显著稀释；而数字治理客体的多变性特征，又导致政策工具的局限性大为增加、时效性更为鲜明。必须通过建立更精细、更包容的政策，以适应数字治理的实践挑战和时代要求。

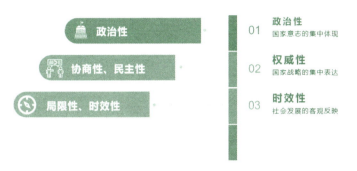

图 2-3　政策工具的特征

　　党的十八大以来，我国高度重视数字治理政策的制定和完善，在《国民经济和社会发展第十三个五年（2016 — 2020 年）规划纲要》中与数字治理相关的政策表述达 40 余处。党的十九届四中全会通过的《中共中央关于坚持和完善中国特色社会主义制度、推进国家治理体系和治理能力现代化若干重大问题的决定》是当前和未来一段时间我国对内和对外各项政策制定的总指引，也为数字治理的政策体系指明了方向。2021 年 3 月 11 日，十三届全国人大四次会议表决通过了《中华人民共和国国民经济和社会发展第十四个五年规划和 2035 年远景目标纲要的决议》，涉及数字治理的多达 80 余处，并在第五篇"加快数字化发展、建设数字中国"阐明了未来五年国家数字治理的具体政策安排，初步形成了相对完整的数字治理政策工具体系。

经济工具：繁荣发展的不竭动力。经济工具是指经济社会运行过程中，以经济利益为核心驱动力，对社会活动进行调节的方式，是现代经济社会用途最为广泛的治理工具。数字经济的兴起，对传统的经济、社会、政治关系形成了巨大冲击，改变了价值创造方式、价值分配关系等，数字化条件下的治理中遇到的问题与挑战也层出不穷。市场在资源配置中起着基础性作用，应基于数字经济内在的市场逻辑变化，充分发挥价格机制、竞争机制、供需关系调整等市场化手段在数字经济治理中的作用。但在发挥经济工具在数字治理中作用的同时，还应注意通过公共化的产品和服务的倾斜政策对冲市场化工具所带来的负面效应。

我国在运用经济工具开展数字治理方面具有显著的体制机制优势。近年来，各级政府在数字经济的环境塑造、市场秩序的维护、消费者权益的维护、知识产权保护、反垄断和反不正当竞争等方面持续加大工作力度，为我国数字治理创造了有序高效的整体发展环境。2021 年 10 月 22 日，习近平主席在主持中共中央政治局第三十四次集体学习时强调，"要完善数字经济治理体系"。健全法律法规和政策制度，完善体制机制，提高我国数字经济治理体系和治理能力现代化水平。完善主管部门、监管机构职责，分工合作、相互配合。改进提高监管技术和手段，把监管和治理贯穿创新、生产、经营、投资全过程。明确平台企业主体责任和义务，建设行业自律机制。开展社会监督、媒体监督、公众监督，形成监督合力。加强数字经济发展的理论研究，就涉及数字技术和数字经济发展的问题提出对策建议。积极参与数字经济国际合作，主动参与国际组织数字经济议题谈判，开展双多边数字治理合作，维护和完善多边数字经济治理机制，及时提出中国方案，发出中国声音。2022 年 3 月 5 日，李克强总理在《政府工作报告》中提出，"完善数字经济治理，释放数据要素潜力，更好赋能经济发展、丰富人民生活"。"数字经济治理"一词首次被写入政府工作报告。

法律工具：公平正义的基本保障。法律是现代社会、乃至人类文明史上最重要的国家治理工具。以法律条文为基础的法治体系，具备强制性、稳定性和通用性等基本特征。随着数字技术的迅猛发展与广泛应用，数字时代的立法、司法和执法面临着一系列前所未有的全新挑战，如数据的法律权属问题、智能机器人等智能体的法律主体地位问题、算法的责任归因问题、数字资产和虚拟财产等问题。对此一方面要实现法律价值变革，树立数据价值观和算法正义观，从源头上实现"技术向善"；另一方面要推动法律与技术的融合，以数字技术推动法治体系的进化，以应对数字时代的种种法治挑战。

人类已经步入数字化、网络化和智能化等信息化技术催生的数字化生活时代，探索数字空间的治理规则成为不可回避的问题。当下，借助普遍应用的信息技术，线下大众通过平台提供的技术和商业服务底层架构，在数字空间择入择出展开活动形成数据，而平台利用算法处理数据，成为推动虚拟空间创新的引擎。其中，作为数字空间核心驱动力的算法本身即构成了数字空间的规则基础，而提供基础服务的平台利用算法汇集、分配资源，在很大程度上决定着数字空间的活动规则。但算法和平台如同数据一样，也是数字空间法律治理的对象。因此，数据、算法、平台构成了讨论虚拟空间治理规则的核心要素，也构成了探索人工智能法治的主线①。

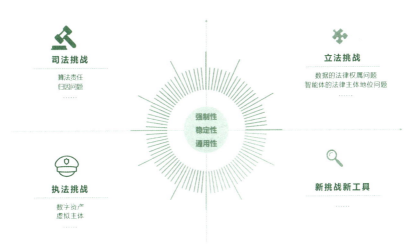

图 2-4 数字时代的立法、司法和执法面临的全新挑战

---

① 参见 [德] 托马斯·威施迈耶、[德] 蒂莫·拉德马赫著，韩旭至、李辉等译：《人工智能与法律的对话 2》，上海，上海人民出版社，2020。

党的十八届四中全会《中共中央关于全面推进依法治国若干重大问题的决定》明确"推进政务公开信息化，加强互联网政务信息数据服务平台和便民服务平台建设"。将数字治理纳入了社会主义法治体系建设。近年来我国先后制定和颁布实施了《中华人民共和国电子商务法》《中华人民共和国个人信息保护法》《中华人民共和国数据安全法》《中华人民共和国密码法》《中华人民共和国网络安全法》等一系列重要法律。数字治理的法律工具不断得到充实和完善，数字司法和数字执法也取得显著进展。

图2-5 技术工具的特征属性

技术工具：治理创新的重要手段。数字技术是驱动时代发展的核心动力，也是推动数字时代治理创新的第一动力。技术工具在传统治理长期处于从属性和被动性地位，只是作为政府优化治理的可选项之一，具有从属性、被动性和客观性等基本特征。当前数字技术工具已经成为多元主体皆可使用的重要工具，对治理格局产生了深刻影响。大型平台企业因其显而易见的技术优势深度参与社会治理和公共服务；普通民众利用随处可得的技术工具参与、甚至是发起治理议题；也有恶意者利用数字技术与应用对治理秩序、治理格局发起挑战乃至颠覆性行动。

对此，政府必须善于利用技术工具，以是否能够更好促进人民福祉、推动社会进步、减少滥用危害作为衡量技术工具的关键评价标准，充分发挥其正向作用，加快推进数字政府能力建设，更好应对数字时代的全新治理格局。

道德工具：精神家园的关键守护。道德伦理是一种非强制性社会行为规范，是法律和政策之外最为关键的社会关系调节手段，是国家和社会治理必不可少的重要工具。道德伦理作为社会历史文化的重要体现，具有显著的自然性、群体性和传承性等基本特征。数字时代，道德伦理面临着前所未有的重大挑战，主要是源于数字技术驱动的虚拟化数字空间，导致现实社会的诸多常识和场景产生了"孪生"和"裂变"，社会的道德伦理也随之变化。社会数字化转型的时代之潮，淹没和压制了道德伦理在数字治理中所应有的作用，必须采取主动措施加以强化。我国具有优秀的道德伦理历史传承，应将其作为数字治理的重要源头，以维护和强化社会主义核心价值观为目标和评价，塑造全新时代的网络伦理、社会伦理、数字伦理和技术伦理，将以人为本的治理原则外化为数字空间的社会行为规范；通过构筑网络空间的共同认知，提高道德伦理在数字治理中的效力，让"柔性规范"真正成为与各类刚性约束并重的治理工具。

文化工具：文明赓续的基础载体。传统意义上，文化在治理中不具有约束力和工具性，但随着数字时代多元文化的形态嬗变，社会关系的基础和底座发生转移和变化，人际、群际、国际和代际关系受文化差异影响日益显著，文化不仅成为时代转型过程中最重要的变量之一，也已成为数字治理无法忽视的工具。数字时代的文化工具，具有多样性、多元性、传递性、共享性等特征，其在调节人际关系、群际关系、国际关系和代际关系的过程中具有积极作用，但不当使用往往会使得治理过程偏离理性轨道，转向情绪宣泄或操控等，因此文化工具的使用特别是跨文化治理的实践要将共情和同理作为文化工具优劣的关键评价。应将我国的优秀传统文化上升为数字治理文化工具的灵魂和内核，同时也应充分适应时代变化、多元文化和亚文化的发展动向，善于吸收其中的优秀部分，形成具有更大同理心、更强共情力的包容性文化工具，充分利用网络空间互通优势，推动网络内容的持续优化、构建线上线下"同心圆"，锻造中国特色数字治理的文化工具。

（五）治理过程

从公共治理视角来看，数字治理过程是不同国家或地区相关部门针对数字化条件下的问题，通过政策、法律、法规等方式推行的系列治理活动。治理过程涵盖两个方面的关键活动，即垂直治理和水平治理。其中，垂直治理包括"自上而下"与"自下而上"的垂直治理。"自上而下"的垂直治理主要指在数字化条件下，一个国家的治理战略和政策，或者行业组织的标准、规范，或者平台、企业管理战略等如何自上而下地实施和执行；"自下而上"的数字治理强调的是用户群体及第一线工作群体的需求表达与治理参与。从平台企业等微观视角来看，治理过程是平台企业通过准入机制、价格机制、激励机制、监管机制，以及技术手段等方式，对参与主体实施的系列治理活动，治理过程既包括平台企业内部从战略到落地的"自上而下"的垂直治理，也包括"自下而上"问题导向的垂直治理，还包括集约化治理与分散化的扁平治理。在治理过程中，应把握好垂直治理与水平治理、分散化治理与集约化治理的平衡。数字治理包含了谁来治理、治理什么、怎么治理等一系列重要问题，是个复杂的体系和过程，"大道不直"，数字治理不能用简单的直线性思维来考量。应坚持"自上而下"与"自下而上"相结合，充分发挥"自下而上"的反馈机制在治理中的作用，同时，还要充分发挥行业协会、社会组织、网络社群、公民个人在水平治理中的作用；应坚持分散化治理与集约化治理相结合，在数字化快速发展的今天，偏僻地区的通信立时可达，指挥系统信息的下情上传和上情下达已经容不得有须臾的等待，正如托夫勒所言，通过群策群力，让"下面"或是允许"外围"做出更多的决定[①]，有助于提高治理的效率和灵活性。大数据、人工智能、区块链、物联网等技术和应用具有开放、精准、高效、透明等特征，为垂直治理与水平治理相结合、分散化治理与集约化治理相结合提供了很好的数据和技术支撑。

（六）治理评价

数字技术和应用为人类经济社会发展带来正向影响的同时，不可避免地带来了系列风险和挑战。政府对数字发展、绩效与问责等方面的需求，企业对行业发展与规范等方面的需求，以及个人对数据隐私保护等方面的需求，决定着建立数字治理成效第三方评价机制的必要性和重要性。事实上，优化社会服务是根本，评价数字治理成效，一方面要看人是否得到更为自由全面的发展，包括在经

---

① ［美］戴维·奥斯本、［美］特德·盖布勒著，周敦仁等译：《改革政府：企业家精神如何改革着公共部门》，187 页，上海，上海译文出版社，2006。

济、政治、教育、健康等方面的可行能力是否得到进一步的提高，幸福感、获得感是否得到进一步的提升。另一方面数字化的发展应该是更高质量、更有效率、更加公平、更可持续、更为安全、更为负责任的发展，评价内容包括政府在数字治理中的引导作用、平台企业的主体作用是否得到充分发挥，平台企业的经济效益、社会效益是否得到充分释放，消费者权益是否得到有效保障等。

热点透视：数字治理年度关键词

2021年，百年变局和世纪疫情交织，时代转型期的治理挑战越发严峻，党和政府科学把握数字时代的"时"与"势"，直面问题和挑战，沉着应对、趋利避害，充分利用数字技术推动治理能力和治理体系现代化，不断提升自身数字治理能力。本章内容聚焦2021年度数字治理热点议题和重大事件，全面梳理数字治理年度进展与最新动态，旨在为我国数字治理理论研究和实践探索提供参考。

一、数字治理：地位凸显，上升为国家战略意志

在我国，"数字治理"概念的提出有一个渐进的过程。党的十九届四中全会明确提出要"加快推进社会治理现代化""提高社会治理的社会化、法治化、智能化、专业化水平"和"充分发挥现代科技手段对社会治理的作用，大力

推行'互联网＋'社会治理模式，积极利用好人工智能、大数据、云计算、区块链等信息技术，推进社会治理工作的科学化、智能化、精细化、高效化"。党的十九届五中全会提出要"加强数字社会、数字政府建设，提升公共服务、社会治理等数字化智能化水平""积极参与数字领域国际规则和标准制定"，并对未来中国数字化转型及数字中国建设的一系列重大方针政策做出了明确的规定。2020年11月21日，中国国家主席习近平在二十国集团领导人峰会上强调："面对各国对数据安全、数字鸿沟、个人隐私、道德伦理等方面的关切，我们要秉持以人为中心、基于事实的政策导向，鼓励创新，建立互信，支持联合国就此发挥领导作用，携手打造开放、公平、公正、非歧视的数字发展环境。前不久，中方提出了《全球数据安全倡议》。我们愿以此为基础，同各方探讨并制定全球数字治理规则。"[①] 2021年10月18日，中央政治局第三十四次集体学习提出，要

---

① 《习近平在二十国集团领导人第十五次峰会第一阶段会议上的讲话（全文）》，中共中央党校（国家行政学院）网站2020-11-21，https://www.ccps.gov.cn/xxsxk/zyls/202011/t20201121_145061.shtml。

"提高我国数字经济治理体系和治理能力现代化水平"，"主动参与国际组织数字经济议题谈判，开展双多边数字治理合作，维护和完善多边数字经济治理机制"。2022 年 4 月 21 日，习近平主席在博鳌亚洲论坛开幕式上指出，原有的治理赤字尚未填补，"数字治理等新课题又摆在我们面前"。标志着数字治理已经上升为我国的国家战略意志。各地政府积极推进数字化转型和数字治理进程，各大平台企业积极参与，数字政务、城市大脑、数字乡村、未来社区、数字健康等数字治理理念与实践不断推进。

学术理论界对于数字治理的理论探索呈现多学科融合的态势，围绕数字治理的科学内涵与实践价值、平台经济治理、数据安全、数字社会、数字政府等相关领域展开深入讨论，数字治理的学术生态正在逐步形成。根据知网公开数据查询可知，以"数字治理"为主题发表的学术文献数量近年来的发表速度显著增加，在 2015 年之前每年少于 4 篇，2019 年达 94 篇，而 2021 年已达到 490 篇，为上年的 175%，反映出学术界对"数字治理"研究的日益重视。其中行政管理、经济学和政治学是研究成果最为集中的三个学科领域。

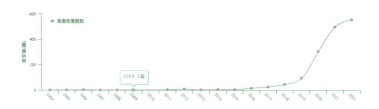

图 3-1　中国知网"数字治理"主题的文献数量

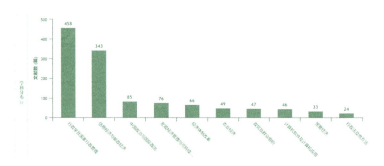

图 3-2　中国知网"数字治理"主题的文献学科分布前十位

2021 年 5 月，民政部批准成立"中国社会治理研究会数字治理分会"，数字治理分会以加强数字治理理论和实践研究，深入认识和把握数字治理的科学内涵及其实践要求，主动研究和服务国家数字治理战略规划和顶层设计，服务各地、各部门、各行业治理数字化转型为主要任务。甫一成立，就在社会各界引起强烈反响，被认为"举起了数字治理的大旗"，一些高校、智库研究机构纷纷成立数字治理的专门研究机构，或将原相关机构名称及研究方向变更为"数字治理"，并开设数字治理相关课程，数字治理俨然成为一门"显学"。

二、平台治理：引发热议，促进健康发展成重中之重

全球平台经济增长态势明显。2020 年年底，我国价值超过 10 亿美元的数字平台企业达 179 家，大型数字平台总价值为 3.1 万亿美元，占全球的 24.8%[①]。2021 年，围绕平台经济衍生的互联互通问题、数据安全问题、就业保障问题、大数据杀熟问题、垄断与竞争问题等，引起了各界的广泛关注。党的十九届五中全会提出，要"促进平台经济、

[①] 数据来源：《2021 平台经济工猫解读报告》，2021 年 10 月。

共享经济健康发展"。2021年3月，中央财经委员会第九次会议强调，"我国平台经济发展正处在关键时期，要着眼长远、兼顾当前，补齐短板、强化弱项，营造创新环境，解决突出矛盾和问题，推动平台经济规范健康持续发展"。

平台经济以双边市场为载体，双边市场以平台为核心，通过平台可以实现双边或多边用户之间的博弈，从而获取利润[1]。平台经济的实质，是数字化、网络化、智能化发展趋势的一种体现形式，参与平台交易的双方具有需求互补，只有平台双边市场同时参与平台，平台才能实现其自身价值且获得利润[2]。平台经济以敏感的数据采集和传输系统、发达的算力和功能强大的数据处理算法为基础，以数字平台为核心，可以跨时间空间、跨国界、跨部门地集成生产、分配、交换与消费活动信息，促进社会生产与再

---

①   Rochet J C, Tirote J., "Platform Competition in Two-sided Markets", *Journal of the European Economic Association*, 2003 (4), pp.990-1029.

②   参见 [美] 杰奥夫雷 G. 帕克、[美] 马歇尔 W. 范·埃尔斯泰恩、[美] 桑基特·保罗·邱达利著，志鹏译：《平台革命：改变世界的商业模式》，北京，机械工业出版社，2017。

生产过程顺利进行[①]。

平台模式下，从生产力到生产关系都发生了极大的改变，发生改变的不仅是生产方式、竞争内容、竞争方式、价格形成机制，还有劳资关系、社会关系和产权形式，这无疑对平台的监管和治理带来了极大的挑战。为更好地促进平台经济健康发展，增强平台经济治理的针对性与有效性，应把公众利益和福祉作为平台经济发展与治理的根本目标。应把包容创新与审慎监管落到实处，处理好平台经

图 3-3　平台经济健康发展面临的问题挑战

---

① 谢富胜、吴越、王生升：《平台经济全球化的政治经济学分析》，载《中国社会科学》，2019（12）。

济在发展中规范和在规范中发展的关系，促进平台经济健康发展与有效治理。应从理论、政策、技术、应用等多个视角深入研究平台经济的治理逻辑。

三、反垄断：全球关注，平台经济下垄断与竞争扑朔迷离

反垄断是 2021 年全球关注的焦点问题，业界普遍认为科技巨头"蛮荒开拓时代"已经结束。欧盟委员会连续 3 年以"反垄断"为由对谷歌做出巨额裁罚，苹果、脸书、亚马逊等美国企业也是欧盟反垄断的主要调查目标。同时这些科技企业在美国也面临着越来越大的调查压力，要求修改美国反垄断法的声音得到越来越多支持。2021 年 7 月，美国 36 个州和华盛顿哥伦比亚特区的总检察长对谷歌发起了反垄断诉讼。我国高度重视平台经济垄断与竞争问题。2020 年 12 月 19 日，中央经济工作会议提出，"强化反垄断和防止资本无序扩张"。2021 年 2 月 7 日，国务院反垄断委

员会印发了《关于平台经济领域的反垄断指南》，3月15日，中央财经委员会第九次会议提出，要"促进公平竞争，反对垄断，防止资本无序扩张"。8月17日，《禁止网络不正当竞争行为规定（征求意见稿）》，制定了网络竞争行为一般规范。11月18日，国家反垄断局挂牌成立。成立的两周内，国家反垄断局共披露46起行政处罚案件，处罚涉及的企业中互联网公司达26家，占比超过六成。

平台经济下的垄断与竞争对传统垄断竞争的判断标准与治理产生了极大挑战。主流经济学认为，判断一个企业是否具有垄断行为，一个重要标准就是看该企业是否利用其市场势力提高产品或服务价格，损害消费者福利。与传统经济追求超额利润或者竞争效应带来的"赢者通吃"相比，平台企业更加强调网络效应带来的规模经济、范围经济，更加追求产业融合、合作共赢带来的价值增值。在平台经济条件下，技术在变化，经济的核心机制也在变化，商业模式是全新的，市场定价机制和运作方式也不同。平台企业一般是在市场一边制定非常低的价格，甚至是免费的，以激发平台另一边用户的增长，通过网络效应确保平台在另一边赚取收入。平台的价格结构往往是有利于市场的一边而对另一边不利，即使是那些根本不在其市场上占据支配地位的小平台企业也是采取这种定价策略。平台经济下，跨产品、跨市场的范围效应对按产品市场份额判断垄断的传统经济学方法带来极大的挑战，增加了事前监管的难度。

应立足马克思主义政治经济学的立场、观点、方法，用发展的眼光看平台经济下垄断的衡量标准、政策和法规。平台经济下垄断的判定标准，应在市场势力、定价能力等传统的垄断判定标准基础上，再考虑一些新的标准，比如，是否有利于消费者福利的提升、是否有利于增效降本、是否有利于社会整体福利的提升，是否承担社会责任等。应转变治理思维，对平台经济中的垄断与竞争问题，应坚持多元协同、包容创新、审慎监管的治理原则，把握好安全与发展的辩证关系。

四、算法治理：多方联动，如何趋利避害成为关键

2021年，国家网信办等九部门联合印发《关于加强互联网信息服务算法综合治理的指导意见》，提出利用三年左右时间，逐步建立治理机制健全、监管体系完善、算法生态规范的算法安全综合治理格局。国家网信办还于2021年启动实施了"清朗·算法滥用治理"专项行动，规范应用推荐算法进行新闻信息分众化传播的行为和秩序，指导互联网平台优化信息过滤、排名、推荐机制，加强重点环节监管，严肃查处利用算法从事违法违规行为，开展算法安全技术检查和技术评估。

客观看，人工智能算法可大大提高机器的学习和预测能力，已成为数字经济的重要生产工具，也是数字社会的重要基础工具和数字政府的重要治理工具。但算法的误用、滥用和恶意使用也将对经济社会和国家安全、政权安全、意识形态安全等带来重大负面影响，对人际关系、群际关系、代际关系、国际关系造成破坏和伤害。

图 3-4　算法误用滥用带来的问题挑战

数字时代的算法治理，应坚持发展与治理并重、趋利避害的原则，坚持技术、场景和人本三位一体的方式，加速算法的合规使用、避免算法的误用和滥用。一是通过技术创新增强算法的透明性和可解释性；二是通过应用场景的规制增强算法的公平性和普惠性；三是通过多方协同合作凸显人在算法制定和应用中的主体地位和主责地位，增强算法的社会性和人文性。

2021 年 12 月 31 日，国家互联网信息办公室、工业和信息化部、公安部、国家市场监管总局四部门联合发布《互

图 3-5　算法时代的算法治理

联网信息服务算法推荐管理规定》，明确算法推荐服务提供者应当落实算法安全主体责任，建立健全用户注册、信息发布审核、数据安全和个人信息保护、安全事件应急处置等管理制度和技术措施，定期审核、评估、验证算法机制机理、模型、数据和应用结果等，制定并公开算法推荐相关服务规则，配备与算法推荐服务规模相适应的专业人员和技术支撑。

五、数字劳工：问题涌现，劳动权益保护刻不容缓

我国近 9 亿劳动人口中，灵活就业人员已突破 2 亿。人社部《新职业——网约配送员就业景气现状分析报告》显示，每天"跑在路上"的网约配送员已经达到百万级。2020 年，外卖骑手首次以"网约配送员"（俗称"骑手"）的名称被纳入《中华人民共和国职业分类大典》。

在过去一个世纪的大部分时间里，工作通常被描绘成一种全职的、定期的就业模式，即工作是按照固定的时间表在公司的营业场所在公司的控制下进行，并且相互期望继续就业的工作。

如今，数字技术及平台的发展促进了零工经济的产生，工作性质发生了质的变革。数字劳工具有劳动时间的灵活性、劳动工具的数字性、劳动主体的多元性以及劳动性质的复杂性等特征。这对经济社会的发展既是机遇也是挑战。一方面，有助于增加社会就业、提升就业效率、丰富就业模式等。但另一方面，围绕数字劳工还存在一些亟须破解的困境，如，数字技术正在重塑工作所需要的技

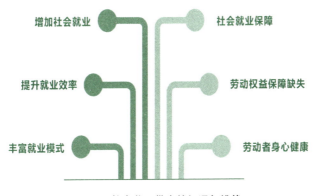

图 3-6　数字劳工带来的机遇与挑战

能，成千上万的简单的、重复的劳工正在被机器人取代，市场对高级认知技能、社会行为技能及更高适应能力相关的复杂技能组合劳工的需求持续增加，也将对国家教育创新、人力资本建设、社会就业保障等提出新的治理挑战；劳动权益保障缺失，双向制约匮乏引发劳动风险。由于平台工作性质模糊，工作时间和地点等因素的不确定，劳动者往往不被纳入企业的保障范围之内。

如，平台通过"最严算法""算法取中"等方式，"精准"考核数字劳工的工作数量和质量，最大化挤占劳动者的时间和空间，包括如厕时间，对劳动者身心健康带来较大影响等，甚至导致劳动者猝死等严重后果。如何应对数字化时代工作性质的变革，以及满足工人相应的就业保障需求，更好保护劳动者的权益，是一项亟待解决的重要治理课题。

六、元宇宙：强势来袭，争议中高歌猛进

2021 年被称为"元宇宙元年"。3 月，被称为元宇宙第一股的罗布乐思（Roblox）正式在纽约证券交易所上市；5 月，微软首席执行官萨蒂亚·纳德拉表示公司正在努力打造一个"企业元宇宙"；8 月，美国芯片巨头英伟达在宣布推出能够承载元宇宙愿景的虚拟平台 Omniverse 之后股价飙升，成为全球市值最高的半导体公司；10 月，美国社交媒体巨头脸书（Facebook）宣布更名为 Meta。A 股市场的元宇宙概念股也受到资本追捧，相关概念股票涨幅超过 60%、甚至 80%。

这股元宇宙热潮迅即蔓延到线下：巴巴多斯宣布将在

元宇宙设立全球首个大使馆；韩国首尔宣布将打造"元宇宙首尔"（Metaverse Seoul），并发布了《元宇宙首尔五年计划》；国内首家元宇宙主题乐园"深圳光明小镇"、首个基于唐朝历史文化背景的元宇宙项目——《大唐·开元》也纷纷启动。

与此同时，对于元宇宙的质疑之声也随之而起，各种争议不绝于耳。除了被质疑概念炒作之外，元宇宙可能引发的社会问题也引发各方面热议。一是其强烈的沉浸感可能导致的精神成瘾，导致引发用户个体意识被操控，进而危及人类自主性；二是可能在用户数据隐私保护方面引发新的隐患；三是可能加速社会权力向平台企业转移的进程，使得平台企业滥用权力的问题进一步恶化；四是可能进一步加剧数字弱势群体的不利处境；五是存在少数元宇宙平台以数字自由、数字民主之名，借助元宇宙的社会和现实社会嵌套、及其脱域性有解构主权国家意识形态的风险[1]。

---

① 王文玉：《元宇宙的主要特征、社会风险与治理方案》，载《科学学研究》，2022（11）。

针对元宇宙存在的"安全疑难""认知疑难""道德疑难"等所可能引发的一系列问题，有学者呼吁积极探索虚实共治的治理方式：通过对集体责任的考量，有效应对解释困境、相关者责任分配困境，以及阶段责任分配困境；通过对现实本位的考量，让个体回归现实，参与真实的人与人、人与自然的互动，以真正解决虚拟现实沉浸性带来的风险，恢复现实的第一本位，使"元宇宙"概念后退至原有的"现实的延伸"含义上，构建虚实共治途径。从责任的分配到不同文化之间的互鉴、对话，最终回归每一个人所关心的生命价值问题上，通过重建文化身份，以文化互鉴、互信在共同的开放性历史维度构建现实的共治路径，促进元宇宙技术的可持续发展[①]。

---

① 曾毅等：《从虚拟现实到"元宇宙"：伦理风险与虚实共治》，载《哲学动态》，2022（9）。

未来的美好世界?

圈钱的手段?

人类文明的内卷?

元宇宙

图 3-7　元宇宙将会给我们带来什么

无论如何，"元宇宙"都是 2021 年最为令人瞩目的数字技术和文化现象之一。"元宇宙"一词已入选《柯林斯词典》2021 年度热词、国家语言资源监测与研究中心"2021年度十大网络用语"、《咬文嚼字》"2021 年度十大流行语"；新加坡《海峡时报》将"元宇宙狂热"与虚拟货币和新能源汽车一起，并称为 2021 年三大科技赢家。元宇宙在这样的追捧与质疑中一路高歌猛进。但围绕元宇宙的定义却五花八门。《论语·子路》曰："名不正，则言不顺；言不顺，则事不成。"2022 年 9 月 13 日，全国科学技术名词审定委员会举行元宇宙及核心术语概念研讨会，与会专家学者经过深入研讨，对"元宇宙"等3个核心概念的名称、释义形成共识。中文名"元宇宙"英文对照名"metaverse"，释义为：人类运用数字技术构建的，由现实世界映射或超越现实世界，可与现实世界交互的虚拟世界①。至此，关于元宇宙的名与实之争似乎进入了新阶段。

七、网络安全：形势严峻，网络攻击行为持续高发

2021年，全球网络安全形势十分严峻，网络攻击加剧、网络犯罪猖獗、网络黑产日渐壮大。在当前全球经济持续低迷、下行压力加大背景下，网络攻击作为以小博大的非常规手段受到各方高度关注，有组织的网络攻击行动持续高发，规模性、破坏性也急剧上升。

---

① 中国新闻网，http://www.chinanews.com.cn/sh/2022/09-14/9852341.shtml。

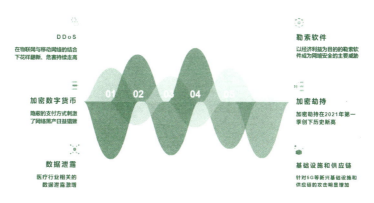

图 3-8　网络安全问题突出

随着新冠肺炎疫情全球蔓延，一些人为错误和系统配置错误导致网络安全防线被削弱，远程协同广泛使用引发新兴业态网络安全风险。而以加密数字货币为支付方式刺激了网络黑产大行其道，以经济利益为目的的勒索软件成为网络安全的主要威胁，加密劫持感染创下历史新高。针对 5G 等新兴基础设施和供应链的攻击明显增加。传统 DDoS（分布式拒绝服务）在物联网（Internet of Things）与移动网络的结合下花样翻新、危害程度居高不下[①]。

———————

① 据《网络安全分析报告》，欧盟网络安全署（ENISA），2021 年 10 月。

图 3-9　网络安全治理

　　"没有网络安全就没有国家安全"。网络信息基础设施无所不在，数字时代的政务服务、社会服务、商事服务正在全面向网络化、移动化、云端化迈进。网络安全依然是数字空间存续和运转的基本保障，是数字经济、数字社会健康发展的基本前提，是数字治理的基本"底线"和"红线"。2021 年 7 月 12 日，工信部公开征求对《网络安全产业高质量发展三年行动计划（2021—2023 年）（征求意见稿）》的意见，其中提出，到 2023 年，网络安全产业规模超过 2500 亿元，年复合增长率超过 15%。提升中小企业、重点行业和关键行业基础设施网络安全防护水平，电信等重点行业网络安全投入占信息化投入比例达 10%。

2021 年，国务院发布《关键信息基础设施安全保护条例》，明晰了关键信息基础设施的定义，明确了保护工作部门的职责，强化了运营者的安全管理主体责任，规定了国家保障和促进措施，确立了监督管理体制。工信部发布《物联网基础安全标准体系建设指南（2021 版）》，提出了物联网基础安全标准体系包括总体安全、终端安全、网关安全、平台安全、安全管理五大类标准。要求围绕物联网基础设施和重点行业应用，加快推进基础通用、关键技术、试验方法等重点和急需标准制定，及时满足物联网产业的安全需求。工信部、国家网信办、公安部联合发布《网络产品安全漏洞管理规定》，规范了漏洞发现、报告、修补和发布等行为，明确了网络产品提供者、网络运营者以及从事漏洞发现、收集、发布等活动的组织或个人等各类主体的责任和义务，并鼓励发现网络产品安全漏洞的组织或者个人积极报送网络产品安全漏洞信息。中国人民银行、国家网信办等五部门联合发布《关于规范金融业开源技术应用与发展的意见》，指出金融机构应当把保障信息系统安全作为使用开源技术的底线，认真开展事前技术评估和安全评估，堵塞安全漏洞，切实保证技术可持续和供应链安全，提升信息系统业务连续性水平。

2021 年 12 月 28 日，国家网信办、发改委、工信部等十三部门联合修订发布《网络安全审查办法》，旨在确保关键信息基础设施供应链安全，维护国家安全。将网络平台运营者开展数据处理活动影响或者可能影响国家安全等情形纳入网络安全审查，并明确掌握超过 100 万用户个人信息的网络平台运营者赴国外上市必须向网络安全审查办公室申报网络安全审查。根据审查实际需要，增加证监会作为网络安全审查工作机制成员单位，同时完善了国家安全风险评估因素等内容。

八、数据安全：面临挑战，依法治理任重道远

2021 年 6 月，微软公司在美国国会听证时指出，美国司法部勒令其提供储存的客户信息，用于政治敏感案件的调查，并以保密为由下达"封口令"，阻止这些公司将情况

透露给客户。2021 年 7 月滴滴赴美上市被有关部门强制安全审查。事实一再表明，数字时代的"棱镜门"并未远离，数据安全不仅涉及个人安全，更涉及社会安全、国家安全和国家主权等多重问题。而对数据安全的治理也从数据本身的安全、自然人和法人的数据权益，拓展到包括数据安全对国家主权、国家安全和经济发展的影响。

近年来，随着数字经济的发展不断深入，数据安全在国家安全体系中的重要地位进一步明确，数据安全法律体系不断完善。2021 年我国颁布《数据安全法》，与《个人信息保护法》《网络安全法》一同构建和完善了我国在信息保护和网络安全领域的法律保护体系。国家网信办发布《网络数据安全管理条例（征求意见稿）》，是继党的十九届四中全会决定明确将数据作为新的生产要素，颁发《促进大数据发展行动纲要》《科学数据管理办法》等一系列重要法规之后，对数据安全的再次强化。

2021 年，我国相继推出《常见类型移动互联网应用程序必要个人信息范围规定》《关于加强网络安全和数据保护工作的指导意见》《交通运输政务数据共享管理办法》《移动互联网应用程序个人信息保护管理暂行规定（征求意见稿）》《工业和信息化领域数据安全管理办法（试行）（征求意见稿）》《数据出境安全评估办法（征求意见稿）》《网络数据安全管理条例（征求意见稿）》《工业和信息化领域数据安全风险信息报送与共享工作指引（试行）（征求意见稿）》《汽车数据安全管理若干规定（试行）》等一系列法律法规，极大完善和优化了我国的数据安全法治体系。据调查显示，目前国内 97.02% 的受访企业表示监管驱动已成为企业开展数据安全能力建设的主要动力[1]。

九、社会责任：良莠不齐，加强责任治理迫在眉睫

企业做得越大，社会责任、道德责任就越大，公众对企业这方面的要求也就越高。2020 年 7 月 21 日，习近平

---

[1] 中国信息通信研究院：《2021 数据安全产业调研报告》，2021 年 12 月。

总书记在企业家座谈会上的讲话中指出："企业既有经济责任、法律责任，也有社会责任、道德责任。任何企业存在于社会之中，都是社会的企业。社会是企业家施展才华的舞台。只有真诚回报社会、切实履行社会责任的企业家，才能真正得到社会认可，才是符合时代要求的企业家。"

在我国互联网行业的飞速发展进程中，有众多互联网企业在引领信息技术创新、推动产业升级、促进经济增长、提供便捷服务、增加就业机会、保障社会民生、增进公共治理信息化等方面发挥了积极作用，并承担了很多社会责任，做出了巨大的社会贡献。新冠肺炎疫情暴发以来，在党和政府的领导下，各类市场主体团结协作、攻坚克难，勇担社会责任，从技术支持、物资供应、人力调配等多方面驰援抗疫一线，并积极联动社会各界力量，开辟数字化抗疫的"空中战场"，集中优势资源，形成合力，在抗击疫情、复产复工中发挥了积极作用。

同时，也有一些互联网企业只看重营收增长、流量增加，轻视乃至忽略了经济责任、法律责任、道德责任和社会责任的重要性，因而出现不少问题。个别互联网企业甚至还频繁发生恶性竞争、虚假宣传、骗取用户流量、传播负面有害信息、侵犯公民个人隐私、违法违规收集使用个人信息、侵害用户权益等问题[①]，这是责任的缺失，不仅损害了社会公众利益、制约了企业成长，更影响了我国网络生态环境的健康与持续发展。根据北京师范大学互联网发展研究院中国互联网企业社会责任课题组研究，互联网各行业引起社会公众舆论强烈关注的社会责任问题包含方方面面（见表3-1）。互联网企业社会责任的动态监测与评价，为建立相对客观公正的第三方评价体系，辅助企业社会责任履职情况的监测与考核，进一步增强互联网企业的社会责任意识、推动履责实践、逐步完善社会责任价值管理体系提供了重要支撑，有助于弥补企业内部自评的不足，促进互联网行业健康有序发展，促进数字经济高质量可持续发展。

---

① 北京师范大学互联网发展研究院：《2020 中国互联网企业社会责任研究报告》，2020 年 10 月。

表 3-1　互联网各行业引起社会舆论强烈关注的社会责任问题

行业	问题
电子商务	商品质量、假货问题；虚假宣传问题；物流服务问题
医疗健康	执业资质问题；虚假信息问题；服务定价争议问题
网络教育	过度营销、虚假宣传、教学质量不合格、客服失联问题；商家霸王条款、退费进度缓慢、拒不退费问题；诱导贷款问题
网络安全	服务质量问题
人工智能	数据使用不当、侵犯用户隐私问题；算法控制问题
社交平台	用户信息泄露问题；交友、婚嫁诈骗问题；传销、骗赌、套路贷问题
视频	低俗、消极内容问题；用户信息泄露问题；内容侵权问题
交通出行	运营违规问题；前置收费（押金）问题；消费者人身安全问题
移动智能终端	产品质量、售后服务问题；捆绑销售问题
智能搜索	虚假广告、人工调整搜索结果顺序、信息可信度降低、对虚假信息监控不力问题；算法绑架问题；主动屏蔽有关负面新闻问题；侵权问题
知识付费	侵权问题；产品售前信息不对称问题；内容同质化问题
网络音乐	侵权问题
互联网金融	业务合规、资产质量、机构／平台信誉问题；虚假宣传、套路贷、校园贷问题；用户信息泄露问题；技术漏洞、钓鱼软件问题

续表

旅游	订单退改签问题；过度推销问题；捆绑销售问题；用户信息泄露问题
房地产服务	虚假房源问题；用户信息泄露问题；黑中介问题
招聘	虚假信息问题；电话骚扰问题；用户信息泄露问题
汽车服务	维权困难问题；电话骚扰问题；虚假宣传问题
网络游戏	游戏沉迷问题；付费账户安全隐患问题；游戏运营公司经营纠纷问题

资料来源：北京师范大学互联网发展研究院：《2020 中国互联网企业社会责任研究报告》，2020 年 10 月。

互联网企业社会责任建设是一个系统工程，绝非一蹴而就，而是需要坚持长期主义，夯基垒石，久久为功。从互联网企业发展实践来看，不管外在形势与环境怎么变化，有些企业持续健康发展，有些企业却昙花一现。无数互联网企业的成长历程表明，要实现自身健康持续的发展，就必须把企业社会责任建设摆在重要位置，建立起卓越、高效、负责任的企业价值观，把社会责任作为精益管理的一部分，通过加强社会责任提升服务效能、创造更大价值、实现共生共赢。

十、数字抗疫：疫情肆虐，彰显数字技术与应用的显著作用

2020年年初，一场突如其来的新冠肺炎疫情肆虐全球，给人类带来深重灾难，数以亿计的家庭、个人面临生命威胁，工厂停工、商铺关门、学校停课……一些国家和地区一度陷入"停摆"状态。新冠肺炎疫情是对人民生命安全和健康的重大威胁，也是对全球公共卫生安全网络和危机处理能力的重大考验。在疫情防控中，各国采取了限制人员流动、避免大型集会活动、关停非必要场所、减少公共交通工具使用、增加人员健康检测、集中救治确诊、疑似病例、学校部分或全部停课、加强边境入境检查、扩建医疗场所设施、加强信息公开等引导管控措施，这些举措发挥了一定的作用，但仍然没能挡住疫情在全球范围肆虐的步伐。世界卫生组织数据显示，截至2022年7月3日，全球累计确诊545226550例，死亡6334728例，其中，美国、印度和巴西累计确诊人数分别为86433723例、43469234例、32282879例，累计死亡人数分别为1007644

例、525139例、671125例^①。疫情暴发初期，世界卫生组织统计的全球新冠死亡率一度高达3.4%。

中国积极统筹疫情防控和经济社会发展。其中，互联网、大数据、云计算、人工智能等数字技术的创新应用为疫情防控提供了非常强大的支撑^②。2020年2月3日，中央政治局常委会会议指出，"要鼓励运用大数据、人工智能、云计算等数字技术，在疫情监测分析、病毒溯源、防控救治、资源调配等方面更好发挥支撑作用。"数字技术数字化、数据化、移动化、云化等特征在有效应对新冠肺炎疫情防控与治理方面具有天然优势。应对新冠肺炎病毒传染，数据传递比病毒复制更快，以"小时"为单位上线防疫应用，"秒回"的组织管理协作，医疗在线、教育在线、办公在线、组织在线等"在线"模式促使人们的生产生活快速复位，算力、算法助推精准抗疫、精准治理。

各地、各部门积极推进数字技术与数字治理在疫情防

---

① 数据来源：世界卫生组织，https://covid19.who.int/table。
② 李韬：《数字健康：构建普惠均等共享的卫生健康共同体》，北京，人民出版社，2021。

控中的应用。国家卫健委、教育部、工信部等部门相继出台相关政策文件，支持互联网医疗健康、在线教育、智能设备等快速应用，助力疫情防控。2020年2月4日，工信部《充分发挥人工智能赋能效用　协力抗击新型冠状病毒感染的肺炎疫情倡议书》提出，要充分挖掘新型冠状病毒感染肺炎诊疗以及疫情防控的应用场景，攻关并批量生产一批辅助诊断、快速测试、智能化设备、精准测温与目标识别等产品，助力疫病智能诊治，降低医护人员感染风险，提高管控工作效率；要着力保障疫期工作生活有序开展。开放远程办公、视频会议服务和AI教育资源，助力办公远程化、教育在线化和生产智能化，推动实施"居家能办公，停课不停学，停工不停产"。

在党和政府的领导下，我国"一手抓疫情，一手抓发展"，不仅通过数字技术开展态势研判、密接分析、社区识别、空间聚集、传播分析、信息共享等，而且通过数字技术辅助流行病学调查、追踪疑似病例、隔离控制疫情蔓延、实现在线诊疗与线上购药，还通过数字化手段最大限度地保障了公共服务、社会治理、生活服务、政务服务和经济社会有序运转等。

客观看，数字抗疫是重大突发公共卫生事件下对党和政府数字执政能力的极限考验，其探索实践折射出党和政府领导和驾驭数字化的勇气、担当和智慧，也集中体现了全社会数字治理能力的整体跃升，其中蕴含的科技创新、政府治理、社会治理、平台治理、公共服务等多领域的丰富理论和实践成果，具有重大意义。

（四）

实践维度：数字治理的中国探索

党的十八大以来，党和政府高瞻远瞩、审时度势，积极推动实施网络强国战略、数字中国战略、"互联网＋"行动计划等，开启经济社会全面数字化转型和数字治理变革。数字政府建设与治理取得积极进展，数字经济治理体系逐步完善，数字社会治理取得明显成效，智慧城市、数字乡村、智慧教育、数字健康等不同领域发展与治理方兴未艾。各地因地制宜创新数字治理实践，积极探索治理数字化转型的方法路径，取得积极进展与明显成效。

一、数字政府治理：浙江政府数字化转型与治理实践

2003 年 3 月，浙江省颁布了《数字浙江建设规划纲要（2003—2007 年）》。为深入实施"数字浙江，实施信息

强省"战略，浙江省先后出台了《浙江省信息化工作领导小组关于加快电子政务发展的意见》《省信息化工作领导小组关于我省电子政务建设指导意见》《关于加强信息安全保障工作的意见》等政策措施。围绕建设数字浙江目标，浙江省统筹运用数字化技术、数字化思维、数字化认知，把数字化、一体化、现代化贯穿到党的领导和经济、政治、文化、社会、生态文明建设等各方面，对省域治理的体制机制、组织架构、方式流程、手段工具进行全方位、系统性重塑，从整体上推动省域经济社会发展和治理能力的质量变革、效率变革、动力变革，在一定程度上实现了全省域整体智治、高效协同[①]。

（一）主要做法

构建"1+5+2"数字政府的工作体系。"1"为一体化智能化公共数据平台（平台＋大脑）：按照"统一规划、统一

---

① 中共浙江省委全面深化改革委员会：《浙江省数字化改革总体方案》，2021年2月18日。

支撑、统一架构、统一平台、统一标准、统一建设、统一管理、统一运维"的要求，打造智慧化平台中枢以支撑各级各系统应用创新。"5"即五个综合应用：党政机关整体智治综合应用、数字政府综合应用、数字经济综合应用、数字社会综合应用和数字法治综合应用，五个综合应用构成相互连通又彼此独立的整体，其中党政机关整体智治综合应用处于中枢地位，发挥着基础性、统领性作用。"2"是构建理论和制度规范两套体系。

建设"四横四纵两门户"应用架构。浙江省明确提出了数字化改革的基本架构。"四横"即基础设施体系、数据资源体系、应用支撑体系和业务应用体系。"四纵"即政策制度体系、标准规范体系、组织保障体系和网络安全体系。"两门户"即"浙里办""浙政钉"两大应用程序。"浙政钉"是办公端、治理端、政府端，是数字技术赋能的党政机关整体治理系统的政务协作平台。通过将传统的线下治理转为线上数字化治理，将分散孤立的部门视角转为整体性的全局视角，由传统的事后处理转为事前、事中、事后全程性处理模式，不断优化和提升"浙里办"服务端。"浙里办"是办事端、服务端、社会端，是服务于群众和企业生产生活的一体化政务服务平台，是政务服务的输出方。在"浙里办"的产品和服务使用过程中，群众和企业通过"一张网"将问题和需求反馈给治理端的"浙政钉"，促进治理端的迭代优化，从而推动整个治理体系和治理能力的提升。

设计两门户一前端支撑的服务闭环。数字政府的交互端是其运行的应用程序，由"一云两端"的架构体系组成，即通过云计算平台配合"办事端"和"办公端"的两门户，两端分别连接公众/企业与政府办公人员，实现政务业务一体化办理。浙江省政府较早开始应用大数据、AI（人工智能）、云计算等新兴信息技术推进数字政府建设，目前实行以"浙政钉"与"浙里办"两大门户为核心的政务服务体系、着力打造"掌上办公""掌上办事"的"两掌之省"。"浙政钉"与"浙里办"两门户连接着办公和办事、治理与服务、政府和群众，将政务服务需求与一系列具体工作流程紧密结合，有助于实现省域治理体系和治理能力的优化、群众政务服务体验的有效提升。

构建统一架构、五级联动的电子政务平台。浙江政务服务网是由浙江省人民政府办公厅主办的网上政务平台，上线于 2014 年 6 月 25 日，覆盖省市县乡镇（街道）村（社区）五级政府部门，是浙江省"最多跑一次"改革的技术支撑平台。以政务为主体、服务为主线，作为全省统一架构、五级联动的电子政务平台，浙江政务服务网在省、市、县（市、区）政府部门设服务窗口，乡镇（街道）、村（社区）设服务站点，为社会公众提供在线政务服务。

（二）主要成效

"浙政钉"政务治理效能持续提升。截至 2020 年年底，"浙政钉"创建了 51 万个内部工作群，上线各类办公、决策辅助应用，"浙政钉"政务协同总平台已覆盖省市县乡村小组六级组织，服务全省 112 万名政务人员，集成 1278 个应用，实现部门间高度协同①。截至 2021 年 2 月，浙江省

---

① 张国亮、王海鹏：《明年建成三个"掌上之省"，浙江全面启动数字化改革》，央广网 2021-02-18，https://baijiahao.baidu.com/s?id=16920159558718 92267&wfr=spider&for=pc。

有 2961 个政务服务事项在全国率先实现"一网通办"。通过政府数字化改革,浙江省快速推进"浙里办"应用,目前注册用户达 5515 万,事务网上可办率 100%,跑零次可办率 97.4%。政务服务中台打通了浙江省 499 套部门审批系统,为高质量实现一网通办提供了强大的数字化工具,实现近 3 万个办事数据项、3354 份办事材料全网共享①。截至 2020 年年底,浙江省 2629 个政务服务事项已接入浙江省和阿里云合作建设的"政务服务中台",64% 的事项已实现"一网通办"。通过系统和数据打通,每天数据"跑腿"超 26 万次,市民在办事过程中填写的信息量减少近一半。

"浙里办"服务成效不断凸显。围绕群众和企业最关心、最常办的事项,形成了"公积金查询""教育缴费"等便民惠企应用综合集成。"浙里办"几乎囊括了群众、企业所需要的各类政务服务,包括"常态化疫情防控""人社服务"

---

① 《浙江推进政务服务"一网通办"改革打造"掌上办事"之省》,罗山县人民政府网站 2020-11-30,http://www.luoshan.gov.cn/department_news.php?id=21481。

等 40 多个专题服务。2021 年 3 月，"浙里办"发布了预约挂号特别版，该版本可以提供人工客服帮助完成挂号，并优先显示最近预约过的医院，让老年人在"浙里办"享受更简约、更贴心、更便捷的服务。为了让包括老年人在内的各类群体、每位市民都能享受"数字红利"，填补近年来的"数字鸿沟"，"浙里办"不断迭代升级完善用户体验。在"浙里办"上，有助残、帮困、扶老、爱幼等暖心专题，180 多项大大小小的贴心服务，为用户提供了畅通无阻的掌上办事通道。此外，为了给偏远山区、海岛等地居民提供便利化服务，"浙里办"推出了"在线帮办""红色代办"等一系列帮办模式。工作人员化身为"教办员""代办员"上门帮助群众办事[①]。

数字赋能治理，打好抗疫"智"战。在疫情防控中，浙江按数字化赋能、精准施策的总体思路，依托数字化平台，把大数据、云计算、人工智能等数字技术运用到抗

[①]　《"浙里办"如何改变"浙里"》，杭州网 2021-07-08，https://news.hangzhou.com.cn/zjnews/content/2021-07/08/content_8003581.htm。

疫、社会运行与社会治理的各个环节，从"最多跑一次"到遍及全省的大数据平台，以及政务中台、数据中台、浙政钉，为疫情防控与治理提供了可靠的大数据基础，已经成为浙江经济常态化运行、社会治理与公共服务的数字基础设施。浙江的"健康码""浙里办""浙政钉"驻企健康指导服务平台、疫情信息采集系统、复工申报平台等数字化抗疫举措，在关键时刻发挥了重要作用，为分区分级精准施策、科学有序进行疫情防控治理提供了强有力支撑。

（三）经验启示

以数字平台为支撑贯通政府服务。数字政府强调用数字化、智能化手段和方法改变公共服务样式，改善公共决策质量，改进公共管理品质，优化政务工作流程，提升政府效能和提高公共监管水平，实现以数据感知民众诉求、循数据决策公共资源配置和依数据治理精准施策。数字化平台驱动的两大应用程序作为政务服务的门户，使得政务服务的各个环节透明公开，并向各社会主体开放意见反馈渠道、接受监督，体现了数字政府对外开放的服务理念。不同层级、部门之间的信息资源共享，共建共治的数据池有利于改变传统的部门条块化、分割化治理造成的"九龙治水"式的治理困境及与之相随的信息孤岛问题。数字化平台有助于充分挖掘数据价值，形成动态治理模式，改善传统政府的静态治理和反应滞后等问题。

政府主导下的多主体协同治理是政府治理的重要保障。任何时代的治理，政府都不是"孤军奋战"的，数字时代也更应如此。数字治理是一种多元主体共享共治的治理，是有助于所有参与者实现价值共享或增值的治理。浙江是互联网产业大省，产业体量和创新探索均走在我国前列，是数字政府建设中强有力的支撑力量。在政府的主导下，互联网平台及企业利用平台和技术优势，为政务服务提供技术支持，成为数字治理过程中一支重要的力量。

以需求为导向，提供精准化、数字化、智能化政府服务。浙江数字政府建设过程中，始终坚持以人民为中心的发展理念。通过数字技术赋能，以人民群众需求为导向，基于需求和场景驱动，提供精准化、数字化、智能化的政府服务。浙江数字政府将业务体系模块化分为重点任务模块和一般业务应用模块。重点模块包括疫情防控、科技创新、产业发展、双循环等 12 项。根据业务类型分为经济调节、公共服务、社会治理、市场监管、环境保护、政府运行六项模块，在这六项业务模块下面各自又划分出 4 ～ 8 项更为精细的小模块。即，通过云计算、物联网、人工智能等数字技术和应用，通过特定的数据中台最大限度汇聚、加工和融合各类数据，构建数据模型充分挖掘数据价值，向外部输出精准高效的服务，并实现资源的更优化配置。

二、数据治理：天津党管数据的津门"智"理[①]

天津市着力运用数据治理提高城市科学化、精细化、智能化管理水平，精准高效满足群众需求。2018 年，天津

---

① 案例中相关数据系深入天津网信办、大数据中心调研、访谈所得。

发布促进大数据发展应用条例，提出"形成全市政务数据目录和共享目录、开放目录""政务数据以在政务部门之间共享为原则、不共享为例外"等要求。天津率先实践，整合全市 35 家市级信息服务机构，组建市大数据管理中心，归口市委网信办管理，负责统筹各部门大数据、整建制推进改革，用数据赋能协同治理、助力社会民生。2019 年 12 月，天津市大数据管理中心正式挂牌，推动政务数据资源共享和公共数据资源开放。该中心至今已整合全市 35 个信息服务机构和 66 个市级政务部门、16 个区、5 个公共服务机构的 87 亿条数据，是全国唯一一个归口在网信办的正厅级大数据管理部门。

（一）主要做法

建立政务数据采集标准，实现政务部门数据共享。如果说天津市大数据管理中心是一颗心脏，那么天津市各片区的数据就是毛细血管中的红细胞，阻碍这些红细胞回流到心脏的是各部门之间的利益樊篱。实现数据的高效应用和安全保障，还需针对性地采集数据。为此，天津市大数据管理中心通过设立责任清单、系统清单、需求清单、负面清单给政务数据采集建立标准，完成与国家共享交换平台、全国一体化在线政务服务平台、国家"互联网＋监管"等平台的对接工作，实现与15个部委、11个国家垂管系统的库表数据对接，为公积金、低保提取、残疾人法律援助、提高住房公积金业务办理效率等100余个应用场景建设提供数据共享。另外，天津市率先完成国家首批试点地区"互联网＋监管"系统主体建设，汇聚市区两级500余个部门相关监管数据2.26亿条，梳理监管事项目录清单1431项，建成金融监管、市场监管、应急管理等13个领域的33个风险预警模型。

数字社会综合应用平台全力服务保障经济社会有序运行。天津在一体化社会治理信息化平台"津治通"上拥有"二维坐标"，横纵坐标将天津划分成一个个网格，每个网格又设立了专门的网格员。网格员的职责是运用网格化管理技术，巡查、核实、上报、处置市政工程设施、市容环境、社会管理事务等方面的问题，并对相关信息进行采集、分析和处置。持续优化"津心办"数字社会综合应用平台功能，全力保障平台为全市老百姓和企业提供安全稳定的信息化、数据化服务，并支撑"健康码""场所码""核酸报告查询"等平台重点场景功能运行，确保"24小时"为民服务不间断。在电子卡包中新增电子社保卡，集合社保多项功能，实现跨省服务"零跑腿"。

数据治理赋能数字经济发展。2019年5月，在第三届世界智能大会上，天津市数字经济产业创新中心正式启动建设。目前，注册企业已达175家，成为承载全市数字经济产业发展的标志性区域。天津市政府为加快数字产业化和产业数字化转型，与华为签署深化战略合作协议，突出"以用立业"，以建设国家新一代人工智能创新发展试验区为重点，充分发挥百亿元智能制造专项资金作用，培育了一批细分领域隐形冠军。为助推企业复工复产推出的"津心办"app设立了"企业复工复产轻松办"专区，从打破信息屏障、加强疫情防控和提供融资帮扶三方面着力解决企业的生存发展困境。在"企业复工复产轻松办"专区，企业可以及时接收政府发布的惠企政策信息及复工复产咨询，为企业决策提供依据。借助大数据、电子编码等信息技术，天津市推出"冷链食品一码明",实现了从口岸到餐桌的全程监管、全程可追溯。为解决疫情期间小微企业融资难、融资贵的问题,"津心办"特别上线了"小微企业金融帮扶"版块,打通了各大银行和小微企业之间的信息阻隔。"津心办"还上线了"企业开办"板块,实现了全市企业开办业务全程网上办理。刷脸认证、事项确认、电子签名……一系列流程只需通过"津心办"就能搞定。

数据治理助力一线疫情防控实战。2022年年初,天津发现首次在我国本土社区传播的奥密克戎病毒,面对突如其来的疫情,天津市充分发挥"党管数据"的制度优势,上线全市核酸"大筛"系统,精准赋能现场流调溯源、全力服务保障复工复产和经济社会平稳运行,在实战中探索形成数字化津门"智"疫的新路径。为加强公安、网信、大数据和疾控部门的协调配合,精准确定密接、次密接人员,锁定风险人群,天津市利用大数据、信息化手段为病例、密接和次密接人员身份调查、移动轨迹追踪、个体关系图谱建立,以及疫情传播路径定位、现场指挥调度提供精准数据支撑。利用"场所码"数据支撑流调溯源工作,第一时间核实重点风险人员行动轨迹，一个月内共排查近千人的关联场所超万个，排查近两千个重点场所的关联人员，有效助力可能涉疫人员的轨迹溯源追踪。挖掘人口数据助力全市核酸筛查和流调溯源，排查发现未检测人员，为开展全市"敲门"行动提供数据支撑。依托"天津市涉疫人员全周期排查服务管理信息系统"，汇聚多渠道数据，联通"天津市疫情防控平台"和"津治通"平台，精准排查涉疫人员，形成"大数据＋网格化＋铁脚板"疫情防控格局，实现涉疫人员"推、接、排、管、回"全周期、全链条、闭环式管理。协调国网天津电力集团、网约车平台企业、净水设备厂商等第三方依法依规提供数据，为抗疫快速调取病例及密接人员乘坐网约车、出租车及取水设备使用信息，打造党建引领数据共享社会共治抗疫新路径。

（二）主要成效

"津心办""津治通"等数字化平台防疫治理成效凸显。与传统社区管理按天填报报表的数据上报方式相比，利用

117

数字技术进行线上网格化管理模式，使得社区管理工作更加实时、动态、精准与高效。如，在疫情防控中，网格员可将疫情防控工作情况直报至区，作为针对性开展疫情防控工作依据，同时通过"津治通"将天津"健康码"系统自动识别的"红橙码"重点人员信息每日推送各区，加强对"红码""橙码"人员管理，纳入线下网格监管工作体系。充分发挥市、区、街道（乡镇）、社区（村）四级联通体系作用，方便基层网格员开展精准化联防联控工作，助力社区疫情防控"入网入格入家庭"。

"两津联动"助力基层治理体系和治理能力现代化。两"津"平台依托"数"治思维，充分释放数据价值、实现数据联动。如，群众可在"津心办"App上申报和使用天津"健康码"，"津治通"平台将自动识别"红橙码"人员信息及时推送到社区（村），网格员通过 App 精准掌握管辖范围内"红橙码"人员。"津治通"平台开通"重大疫情隐患"上报渠道，通过"入户排查""重点关注""网格工作"等功能模块，汇聚、综合分析网格员社区摸排上报的人员、事件情况，多角度地分析结果并可视化呈现，形成"大数据＋

网格化"闭环体系。平台还向市卫健委和市公安局共享"红橙码"重点人员信息，支撑医院分诊和防控研判。

（三）经验启示

"党管数据"有利于提升国家治理体系和治理能力现代化水平。城市治理是国家治理体系和治理能力现代化的重要内容。治理当代复杂的城市系统需充分借助大数据、云计算、人工智能等现代科技手段，建设"智慧城市"，走数字治理之路。目前，数字化治理仍有待改进。首先，有些政务应用以垂直系统为主，不同部门之间存在一定程度的信息孤岛现象。其次，各行业、各地区之间数据规格不统一，共享的数据质量难以满足需求。最后，数据应用的广度、深度和智能化水平还有待提高。例如，有一些沉淀在各部门、各行业的相关数据没有利用好。在疫情期间，甚至还存在手动填写、调用数据的情况，不符合提升社会治理能力现代化水平的时代要求。提升国家治理现代化水平，需要着重打造好政府自身的数字生态，着眼全国，通过国家层面去打造整个数字生态，包括接入、数据、应用、入口、出口、交互等完整的生态。"党管数据"有助于打通数据壁垒,缓解信息孤岛现象,让大数据更好地服务于现代城市治理。

"党管数据"有利于更好地满足人民日益增长的美好生活需要。推进数字政府建设是党和国家制定的重要战略,政府部门"不见面审批""一次办妥""一网通办""24小时不打烊""数据跑路"等创新服务举措,归根结底是为了满足人民日益增长的美好生活的需要。大数据在服务社会民生方面的积极效应越发明显。比如,对弱势人群、社会边缘人士、慢性病患者等群体的帮扶管理,通过大数据、人工智能等服务让他们可以更好地享受数字化生活。此外,大数据还能评估各地经济的活跃度及民众急难愁盼的事情。比如,疫情后,政府部门可以通过电信、电力等大数据的热力图来评估特定区域的复工复产进度,评估各地经济生活秩序的恢复情况。"党管数据"加速推动了数据资源的共享开放和应用开发,使得获取数据、分析数据、运用数据更加便捷,助力了产业转型升级,增进了民生福祉。

三、数字城市治理：北京海淀"数字驱动、融合共生"的治理实践 ①

近年来，北京市海淀区立足首都"四个中心"战略定位，充分发挥海淀区科教、科创及人才优势，聚焦城市治理领域，以数据驱动、AI赋能为核心，以场景应用为突破口，以安全可信为基座，打造了城市大脑运营中心和安全大脑指挥中心两大智能中枢实体，并逐步形成了一套完整的数字城市治理体系，包括可丰富拓展的新型基础设施定义、可快速落地的项目建设理念、可持续升级的基本架构、可复制推广的应用场景、可持续的安全监管构架、可借鉴的创新工作机制。实现了城市治理领域的全感知、全互联、全监管、全分析、全响应、全应用，公共资源的高效调配与城市事件的精准处置，区域治理能力现代化水平的全面提升。其基本做法得到北京市深改委第十二次会议的肯定，并在北京市各区予以推广。

---

① 案例中相关数据系深入海淀区委、网信办等相关单位调研、访谈所得。

海淀区以城市大脑作为城市治理领域的新型基础设施，以安全大脑为数字生态运转托底，汇集多部门数据及场景，利用大数据、云计算、人工智能、数字孪生等新一代信息技术，高效统筹配置公共资源，探索具有海淀特色及自主知识产权的智慧城市解决方案，推动城市治理向数字化、智能化发展，提升治理能力的现代化。

（一）主要做法

以"创新合伙人"为主体，架构共同参与和协同治理体系。贯彻新发展理念，发挥党委和政府的组织优势和组织作用，加强体制机制创新，促进"政产学研用"多方主体结成"创新合伙人"，将简单合作关系转变为共融共生共进关系，打造多元创新主体融合互动的"创新雨林"生态体系，形成政府主导下的共建共治共享格局。

以"需求牵引、业务聚合"为导向，强化业务需求与技术应用互为驱动。建立由城市治理业务部门牵头，由业务需求主导技术应用路径，聚焦城市治理的痛点和难点，坚持"应用为要、管用为王"牵引原则，构建业务目标发展前提下技术和业务之间"相互需求、相互驱动、融合提升"新架构，为实现城市治理跨领域、多场景协同提供自适应解决方案。

以"三融五跨"为方法，促进治理系统有机融合。发挥既有业务和数据优势，通过"三融五跨"（技术融合、业务融合、数据融合，跨层级、跨街镇、跨系统、跨部门、跨业务）的工作方法，理顺数据融合与业务协同机制，搭建供需层共享链路，实现"人脑"与"城市大脑"的多维度、多角度、多视野智能协同，促进人工智能与城市治理深度融合，以有机系统渗透推行深层治理，逐步破解"业务技术融合难、数据烟囱孤岛打通难、场景建设落地难"等问题。

以"四轮驱动"为机制，形成协调一致统筹推进全局整合力。以海淀城市大脑建设为例，设立工作专班，负责政府侧业务需求统筹；设立城市大脑研究院，负责提供咨询服务、方案征集和场景封装的技术统筹；成立国资控股的建设运营公司，负责企业侧建设、集成与运营统筹；成立以驻区高新技术企业为主的科技产业联盟，作为技术、产品和服务资源池，形成了大统筹、大融合的强大的工作推进机制，确保城市大脑建设工作的系统性、先进性。

以"互动赋能"为着力点，夯实数字化城市治理安全底座。 坚持系统性思维，促进技术应用、安全保障与业务开展融汇贯通，将城市大脑与安全大脑建设一体化推进并融合复用。海淀安全大脑通过构建网络威胁"来源可追溯、去向可查证、风险可预判、损失可控制、责任可追究"的全流程可视可达可管控闭环工作格局，监管各类不断涌现的新技术、新算法、新应用，为城市大脑建设提供网络运行安全支撑和可信框架；城市大脑则汇聚各部门在智能社会治理遇到的新情况新问题，为安全大脑的业务应用场景提供新需求新思路。

图 4-1　海淀城市大脑与海淀安全大脑

（二）治理成效

建造了海淀"数据港"，率先在国内实现城市级多维异构数据的融合应用。目前，城市大脑已接入区内 15 个委办局 52 个业务系统、接入 2 万余路视频信号、8 种 2 万余个传感器监测点位，建成具备百万级物联网感知设备接入能力的全区物联网管理平台，日业务数据处理量 16 万件，业务数据量 7600 多万条，业务吞吐量达到 7TB，已共享给各委办局数据近 40 万条，形成城市安全运行多领域多触角的监测体系。初步构建了数字海淀孪生城市"时空一张图"雏形，承载了海淀区"人、车、地、事、物"的时空动态信息，将城市部件数据、百度互联网数据、海淀既有建筑物数据、各部门的业务数据进行了有效融合，通过时间、空间两个维度构建数据关系，可视化还原城市变化和空间形态，强力支撑城市管理运营。建成海淀城市大脑运营指挥中心，集中开展城市运行态势研判、智能分析、综合决策、仿真推演、调度指挥等应用，构建城市级全景指挥调度的智慧中枢。

破解"大城市病"，在公共安全、城市管理、城市交通等板块初步实现"优政、惠民、兴业"目标。积极推进以海淀区智慧平安小区、海淀区智慧消防、海淀区疫情防控平台为主的公共安全场景建设，社会面可防性案件同比下降28.6%，消防出警车辆救援到场时间比以往缩短20%～40%，实现对全区617个社区（村）信息的实时掌控与综合服务，群众安全感连续25个季度位列北京城六区第一。建设"大城管综合业务平台"，将过去被动应对问题转变为主动发现和解决问题的创新治理模式，实现全区网格化管理全方位、无死角，实现自动派发、自动比对、智能核对、自动结案、智能考核的全程监管，办结案件数量与结案率在全市16区县中遥遥领先。将"智标"与"闪绘"等辅助工具融入交通执法场景，非现场执法达到总执法的87.57%，违法停车的非现场抓拍连续三年占全市同类执法的50%以上，查获假牌、套牌的数量位列全市第一。积极推进垃圾分类、生态环境综合治理系统等应用场景建设，垃圾"分、投、收、运、处"五个业务环节成为北京市首例科技化样板工程，PM2.5指标考核持续位列北京城六区第一。

有效应对突发公共事件与重大活动"大考"，解答城市治理中的复杂议题。科技赋能疫情防控方面，利用城市大脑构建了海淀疫情防控集成专题应用，平时可视化展示海淀疫情防控整体态势、防疫资源力量，提供聚集性疫情传播链路推演、管控措施模拟演练；战时实现流调风险点位实时落点落图、密接次密接及风险人员判定管控进度展示、周边视频监控调取、封管控区域底数台账查看、重点保障信息提示及融合通信和指挥调度。冬奥赛事支撑保障方面，组建"相约北京"系列冬季体育赛事海淀赛区组委会指挥调度中心，搭建市－区－街镇（场馆、酒店）三级一体化冬（残）奥会智慧指挥调度平台，并利用安全大脑开展网络资产梳理、扫描监测、应急演练、攻防演习、场馆安全检查、风险评估、7×24小时全天候值守响应等多重工作，实时进行风险监测与问题整改督办，对于可疑行为及威胁信息发现即研判、风险即处置、实施清单式阻断防护，充分实现多点把守、严防死守，为北京市冬（残）奥会顺利平稳有序举办贡献了海淀力量。

建立数字化城市治理"创新生态雨林"，助推中关村科学城科技创新产业快速发展。将海淀城市大脑、安全大脑等智能基础设施作为驻区高新科技企业产业发展的试验田、样板间、展示场，用新场景助力科技企业加快成果产业化，用新契机助力传统企业加快转型升级，用新平台助力领军企业提升国际竞争力。旷视科技依托 AIoT（人工智能物联网）算法和技术优势，支撑海淀城市大脑新型智慧城市治理平台建设，在建设 AI 计算中心的过程中实现了国产 AI 芯片与算法的适配，并推广应用到国内其他城市数字治理各类应用场景。芯视界公司量子点光谱传感芯片技术走出实验室，实现了在海淀创新示范、在全市推广应用，目前其成果已应用到全国多个省市。百度"飞桨"平台在全面支撑海淀城市大脑人工智能场景应用过程中，取得了深度学习框架平台自主可控、安全可靠、应用生态等方面的新进展，提升了其国际竞争力与话语权。

通过深化"双脑融合"，为数字基础设施的迭代式动态进化提供稳固安全根基与运行环境。海淀安全大脑已初步完成网络安全数据中心、网络运行安全管理中心、网络安全应急指挥中心系列建设工作，通过延展网络安全攻防演习、应急演练、教育研究培训、数据保护利用、技术场景测试评估、网络生态治理等多维组合行动，实现了对危害区域网络与数据安全风险威胁的发现识别、溯源研判、响应处置，有效保障了城市大脑智能终端设备、云平台、信息系统、数据中心等全系业务运行和城市大脑数据传输、存储、使用、销毁全生命周期的安全防护。对威胁城市网络空间安全的重大风险事项及时预警阻断，快速处置，如漏洞利用、拒绝服务、暴力破解、主机异常、恶意程序、数据泄露等安全事件，确保城市大脑安全稳定运行。

（三）经验总结

坚持党的领导，统筹发展与安全。 区委区政府坚决落实党管互联网、党管数据的要求，注重将网络与数据安全融入数字化城市治理工作的全过程、各领域。积极营造安全可信的数字生态环境，多措并举健全网络空间安全综合保障体系，采取小切口、大纵深方式，探索数据跨境流通、数据分类分级、数据交易安全等前沿议题，不断筑牢数字生态的安全基石，为数字化城市治理搭建全方位的支撑保障机制和良好环境氛围，构建安全、有序、美丽、创新、共享且不断优化演进的数字社会。

坚持以人为本，让人民群众有更多获得感。海淀区建立了以公共服务为核心的现代管理模式，通过搭建"一网通办"便民系列平台和"互联网综合服务"监管系列平台，践行信息化发展和网络安全协调一致服务社会公众的宗旨，创新社会服务供给保障新形态，在服务中发挥治理作用，在治理中不断提升服务质量。持续强化组织引领，凝聚各方力量，第一时间掌握民生诉求，为关键"小事"提供最优解，让城市治理更有"温度"，逐步形成更为精细、柔性、有序、有凝聚力的管理模式。

坚持融合共生，提升数字化城市治理效能。以应用数据战略资源开发、驻区高科技企业本地化服务落地、市区两级基础性工程共建共治为基本面，创新"揭榜挂帅""赛马制"等机制，推动政府、街镇、园区、行业公共数据互联互通，持续不断深耕业务增值与数据融合场景，压实惠及民生、促进产业发展的场景应用，促进政府部门业务优化、政务网格化向智能化升级改造，推动基层治理水平迈上新台阶。

四、基层数字治理：党建引领、数治为民打造基层治理深圳龙华模式 ①

龙华区作为深圳的人口大区，其辖区总面积175.58平方千米，实际管理人口超过300万，其中外来人口占比超过90%。龙华区牢记习近平总书记视察民治街道北站社区的殷切嘱托，从2018年开始，在北站社区试点打造智慧社区，通过着力将党建的传统优势与新一代信息技术有机融合起来，推动组织优势、科技优势转化为治理优势。2020年8月起，龙华区抢抓深圳建设中国特色社会主义先行示范区战略机遇，提出数字经济、数字城区、数字治理"三位一体"数字龙华发展思路，数字治理成为高密度城区治理主抓手，为治理数字化转型提供"龙华样本"。2021年7月，"党建＋科技＋治理"龙华模式被国家发改委列为深圳经济特区创新举措和经验做法在全国推广。

---

① 相关数据资料系深入深圳市龙华区政法委、组织部等单位调研、访谈所得。

（一）主要做法与成效

龙华区"数字治理"始终秉承"党建引领、数治为民"的治理理念，是以互联网、大数据、人工智能、5G等新兴技术为基础，以数字孪生应用为重要支撑，以党委政府为主导、多元主体协同参与为组织形式，以不断增进公共利益、提升个人福祉、促进经济社会发展为最终落脚点，以数字化、智能化、精准化、人本化、法治化为特色的全域全周期社会治理新形态，具体做法可总结为治理的"六度"（图4-2）。

图4-2 龙华基层"六度"数字治理

高度：坚持党的领导，充分发挥党总揽全局协调各方的领导核心作用。龙华区始终坚持和完善党对基层社会的全面领导，充分发挥各级党委在统筹协调、资源整合、组织优化等总揽全局的作用，持续深化"党建引领数字治理"龙华模式。完善顶层设计驱动数字治理发展，出台《龙华区数字治理三年行动计划（2022—2024 年）》，从战略高度上勾画出龙华区数字治理蓝图，践行"融通、集成、协同、再造"理念，构建 1+3+5+N^① 基层数字治理体系。计划到 2024 年，多部门全线上协同处置率达 80%，数字化人员比率达 90%，全区数字治理深化、改造及新建应用总量达 100 个，全区建成 10 个数字治理重点示范型社区。深化党建引领构建共治格局，建立凝聚各方、务实高效的街道

---

① "1"即一个治理大脑，是各类治理领域跨层级、跨系统、跨部门、跨业务专题应用的总载体；"3"即治理"三域"，围绕"以网格化为基础的社会管理、以多元主体共同治理的多元共治、以人民群众获得感为衡量的为民服务"三大领域形成各自应用的分级分类汇聚；"5"即五大软实力建设，组织架构建设、长效机制建设、指标体系建设、数字素养建设、数字治理生态建设；"N"即 N 个场景应用，聚焦民生诉求，探索挖掘各类高频应用，打造若干标志性示范应用场景。

"大工委"、社区"大党委"运行机制，推动党群共建"五型"①人文社区数字化转型，推广提升"一社三会""党建＋社工＋治理""书记茶话会"模式，完善党组织领导下的群团带动、群众自治、社会参与机制，引领各方力量积极参与治理。累计举办"书记茶会话"613场，收集民生诉求1496条，并及时协调解决；构建服务换积分、积分换服务激励机制，居民参与志愿服务3万余次，兑换积分80万分。创新打造数字时代"新枫桥经验"，在全市率先搭建区、街道、社区三级平安建设工作平台，深度融合社会综合治理、网格化服务管理、数字治理指挥等工作，做到平安工作联动、重大问题联判、重大矛盾联调，实现矛盾隐患第一时间化解到位。推动"数字治理指挥中心"全覆盖，无缝对接城管、安监、网格等部门200余个系统项目，增加接入7.1万个视频摄像头、26万个物联感知设备，汇聚上亿条数据，实现"一网全面感知、一屏实时调度、一路护航安全"。

---

① 即奋斗型、良序型、智慧型、安心型、仁爱型社区。

深度：以全周期流程再造推进治理模式纵深变革。龙华区运用数字化理念、方法、手段，推动基层治理体制机制纵深变革，健全协同联动、科学规范、运转高效的工作保障机制。创新统一分拨精准调度的分级处置机制，改变原有逐级上报、层层分拨的模式，整合网格采集、12345 热线、妇儿维权等 11 大类民生诉求渠道，纳入区智慧分拨应用平台进行统一分拨，创新主办负责、一次退回、单向升级等七大配套机制，动态修订 1800 余项社会治理事项清单，实现"分级处置、接诉即办、联席会商、风险预警、协同配合、监督评价"全周期闭环管理。2021 年累计处置事件 18.2 万件，处置率为 99.9%，社区层面平均处置时限从 3 天缩短至 1.5 天。构建线上线下相结合的监督评价机制，创建"数字治理"绩效评估指标，将数字治理相关工作纳入区级年度绩效考核内容，发挥绩效考核"指挥棒"作用；线上实现"全过程留痕＋全线上评价"，线下强化区、街道两级督查队伍建设，开展实地督导检查和群众回访，打造科学合理的数字化监督闭环；健全月报、周报、日报全口径事件研判分析机制，常态化开展事件处置质量抽查工作，对

1800 余宗不达标件立查立改，整改完成率为 100%。健全适应数字化发展的人才保障机制，实施全区干部数字素养能力提升工程，持续提升干部队伍数字思维、数字技能和数字素养；率先实行"首席数据官"制度，每个职能单位配（聘）一位首席数据官和一位首席数据官助理，建设一支讲政治、懂业务、精技术的复合型干部队伍。2021 年以来，聚焦"数字龙华"主题，举办"数字龙华大讲堂"、处级干部研修班、"周末党校"等系列数字治理培训，完成全区 5500 余名各级干部大轮训，引领全区上下拥抱数字化改革。

广度：以全域融通驱动数字底座全面升级。龙华区坚持"高起点规划、高标准建设、高效能运行"的理念，以全区一体化三层架构①、集约共享"五统一"原则②，以及"七个一"的建设目标③，推进城市数字底座建设，为数字治理高效运转打下坚实基础。优化升级数字治理基础设施，龙华

---

① 基础设施层、支撑平台层、智慧应用层。
② 全区统一网络、统一平台、统一数据、统一安全、统一运营。
③ 一网全面感知、一路高速传送、一云触手可及、一数能力共享、一体高效运行、一户普惠民生、一站创新创业。

区统一网络和云计算资源规划建设，完成"2+6"OTN环网，建成5G基站7437个，开放公益及政务Wi-Fi数千个，千兆宽带覆盖6.77万户，实现全域优质通信及监管信号全覆盖；区大数据平台建立数据共享、复用机制，汇集市区两级业务数据约56亿条，提供1000余个数据共享服务接口，云计算平台持续扩容，支持全区160余个业务系统迁移上云；区块链技术服务底座扎实推进，为数字治理场景应用提供共性安全支撑。**推动全域数字孪生城市建设**，在全市率先通过斜影航拍、白精建模完成全域建筑物三维建模，打造数汇、智创的全区数字孪生底座。目前，深圳北站已构建10平方千米范围模型，完成约3500栋建筑模型精修，推进六大重点片区差异化数字孪生应用，打造成全省首个全域数字孪生城区，现已实现10个模块75项应用，一座能感知、会思考、可进化、有温度的未来之城正慢慢成为现实。

速度：以协同共治助推数字治理高速发展。龙华区着力提升各单位数字化协同治理水平，依托一体化协同治理平台，及时回应和切实解决人民群众关切关注的民生问题。

"以快制快"筑起数字抗疫防线，率先开发并上线"龙·眼"智慧流调等 13 个数字抗疫系统，"三区"管控由 2 小时压缩至 30 分钟，核心流调时间由 4 小时压缩到最快 40 分钟，流调人员 10 秒即可查询到场所轨迹、同时空场所人员等信息，在深圳北站布设了 70 余台"健康防疫核验一体机"实行"一证（身份证）通行"，核验时间从 30 秒缩短至 3 秒，以科技赋能跑出龙华流调和疫情研判"加速度"。创新"秒报秒批一体化"政务服务新模式，在人才引进、教育、养老助老等高频服务领域，业务申报环节实行"无感申办（秒报）"，受理审批环节实行"秒批"，实现纸质材料不提交、审批服务零见面、手机办理零距离。无人工干预"秒批"业务量突破了 34 万件，260 项事项实现"无感申办"，群众满意度高达 99.2%，龙华区连续 2 年入选"中国县域智慧城市百强榜"五强。"接诉即办"缩短治理链条，开发"i 社区"一键"找书记"，群众诉求直达社区值班干部，将治理链条从"山路十八弯"变成"一条线"；全面开通"1+2+N"24小时便民服务热线，建立"有呼必应，接诉即办；紧急工单，动态直报；分类处置，闭环管理"处置机制，实现服务"零时差"，上线 3 个月以来，累计接到群众来电 3.7 万余个，办结率 100%，让民生问题"件件有着落、事事有结果"，受到群众好评。

精度：系统集成提升治理精准化水平。龙华区统筹抓好改革成果系统集成、互联互通，创新治理方式，提升经济调节能力、社会管理能力、市场监管能力，强化治理精度。**精准助企惠民，**多源应用社保、水电、舆情等涉企数据实时监测，精准预警企业外迁风险，提前介入开展稳企助企工作，预警准确率超 80%；推出三批共 48 个"免申即享"事项，其中面向产业和人才领域事项多达 35 项，占比超过 72%，惠及超过 500 家企业和 25 万市民，主动兑现政策红利达 4.36 亿元，事项数量全省最多、补贴金额全省最高、受惠范围全省最广。**精准筑牢安全防线，**结合"块数据"应用，全市首建出租屋分类分级管理系统①，合理界定租住

---

① 出租屋分类分级管理指将出租屋分为"六类三级"管理："六类"即城中村类、商品住宅小区类、工厂企事业单位集体宿舍类、政府公租（保障）类、散居类和其他类，"三级"是将出租屋分为"宽管"（推荐租住）、"严管"（谨慎租住）、"禁止"（不可出租）三个等级。

等级，租户扫码可知治安消防等情况，倒逼业主履行安全主体责任，提升出租屋宜居水平。上线以来，推动全区 8.5 万间套禁止级、严管级出租屋整改升级至宽管级出租屋。开发地质灾害智慧监测系统，依托探地、管中、边坡等雷达，在灾害发生前发出预警信息，自动提供周边人员的疏散范围和疏散路径，为应急处置赢得宝贵时间。2021 年发现 141 处疑似隐患并坚决果断予以处置，全区地面塌陷总数同比降低 34%。**精准破解监管难题**，针对社会办医疗机构监管难、取证难、评价难等系列难题，在全国率先上线民营诊所服务监管一体化平台，首创数字信息技术监管方式，对诊所违规病历书写等涉嫌异常情况第一时间触发预警，提示执法人员及时介入，做到精准高效监督执法。平台累计发布预警超 2.6 万次，促成诊所整改约 7154 间次，诊所违法违规行为呈逐月下降趋势，荣获"2021 年亚太智慧城市大奖暨中国智慧城市行业大奖优秀奖"。

温度：以人民为中心探索数字治理"百应用"。龙华区聚焦群众急难愁盼，全面提升公共服务数字化、智能化水平，打造富有温度的"数字"社会（见表 4-1）。打造智慧养老智能颐养生活示范场景，打造老年人"10分钟就医圈"，依托智慧养老服务平台，为辖区83处养老服务场所配置智能化设备406件，让老年人就近享受保健诊疗、护理康复、安宁疗护、心理支持等服务；为140户失能、高龄和独居老年人家庭提供适老化改造、智能产品和辅助器具配置服务，全天候监测老人安全动态，提高老年人居家生活安全性和便捷性，2021年上榜"国家智能社会治理实验养老特色基地"。搭建妇儿智慧维权系统，按照"十有"规范[①]，联动妇联、公安、法院、司法等部门，构建多层级维权网络，建设深圳市首个"未成年人一站式保护中心"和出台"强制报告""入职查询"两项制度，推动妇儿维权案件的全过程智能闭环管理和困境妇儿精准帮扶，为广大妇女儿童打造坚实的"防护盾牌"。建立生命关爱中心，是全市首家以"守护生命，拥抱健康"为主题的综合性公共心理服务平台，提供24小时防控调度、生命教育科普、心理疏导互动

[①] 即有规范标准、有强制报告、有首接责任、有联动处置、有数据联动、有统计分析、有流程监控、有督察督办、有考核追责、有安全防控。

体验、疑难个案研究等服务，依托生命关爱信息系统实现
线上全流程轻生案件处置、监测、管理，共跟踪处置关爱
行为案件 124 起，化解危机 14 宗，接听心理服务热线和心
理咨询干预 1.6 万人次，全面守护群众心理健康。

表 4-1　龙华区数字治理 43 个智慧应用场景

序号	应用场景	主要功能
1	"龙·眼"智慧流调工作系统	"一键搜索"涉疫人员的场所轨迹，查询某一个场所的同时空人员，快速完成三区划定，助力高速研判重点人群和重点人员的行程活动，实现"指挥系统一体化＋业务流程全程可视化"
2	防疫识别 AI 机器人	在隔离酒店实时监测隔离人员是否有在红区走廊逗留、未佩戴口罩等各类高风险违规行为；在社区卡口实时监测卡口未佩戴口罩、车辆不配合防疫查验、排队人员密集等各类高风险行为
3	跨境司机综合管理及 GPS 监控"龙畅"AI系统	建立需求企业和跨境车辆两个"白名单"，实现下单、接单、匹配、派单全流程智能化供需对接。通过 GPS 轨迹管控系统，实时监测车辆状态和运行轨迹，安装驾驶舱视频监控系统，AI 实时监测人车行为
4	暴露行业自动核酸比对提醒监督 AI 系统	将全区 45 类暴露行业、18.5 万从业人员纳入台账管理，系统每 4 小时自动比对核酸数据，自动向核酸检测记录不符合要求的人员发送短信，精准提醒员工、企业管理人员和政府管理人员，实现三方监督共管

序号	应用场景	主要功能
5	入境邮件"一码一监测"全自动系统	系统自动匹配核酸库，追溯取件人是否在收取、拆封邮件快件后，在 48 小时内完成核酸检测，联动核酸结果并推送"风险"人员信息至相关单位
6	重点人员信息自主申报系统	自主申报重点人员行程信息，后台汇聚信息，清洗数据统一回传上报
7	深圳北站"一证（身份证）通行"	在深圳北站高铁站布设"健康防疫核验一体机"，平台联通卫健疫苗核酸数据、公安身份证信息、粤康码行程及赋码规则信息等，通过市民的身份证即可核验车票、核酸、疫苗注射等防疫信息
8	核酸检测点人员密集度查询小程序	融合卫健检测点信息、三大运营商关于检测点蜂窝小区用户数以及位置导航信息，实时更新，市民通过手机可查询全区核酸检测点的排队情况
9	社区卡口"雾治理＋白名单"	在社区卡口设置试点，细化形成每个具体卡口的"白名单"，将"白名单"与"电子哨兵后台"通过"雾治理"对接，为白名单内居民提供扫粤通码、深i您健康码、身份证、人脸 4 种识别方式
10	疫情管控地图	依托"i龙华"上线"疫情管控地图"，市民可以实时、清晰直观了解周边"三区"和中高风险地区，以及离自己所在位置的距离，方便市民规划出行
11	元宇宙抗疫孪生舱	孪生舱集成全息影像、数字孪生、多点互动、异域同屏等通信技术，借助音像画面高速的处理和传输，实时清晰展示高质量采集工作人员的防护服穿脱过程，打造防疫宣传教育沉浸式交互体验

序号	应用场景	主要功能
12	测核酸预约	全市率先开展"核酸预约"试点，通过预约的方式为上班族等群体提供快捷、便利的常态化核酸检测服务
13	防疫"话务员"	通过大数据分析比对，将已接种的人群标记为绿色，未接种人员标记为黄色；利用热力图，动态显示各区域、各行业的接种情况，感知疫苗接种需求，利用智能语音机器人提醒未接种人员接种
14	垃圾溢出识别	智能识别垃圾溢出现象，短信提醒相关环卫工人及时清理，30分钟后再次识别；若未处置，则生成事件，智能分拨到社区
15	超门线经营识别	对沿街商铺超门线经营等违规经营现象进行全天候智能识别，生成事件推送至社区处置员，责令整改，有效提升市场秩序
16	无证游商识别	对无证摊贩游商等违规经营现象进行全天候智能识别，生成事件推送至社区处置员，责令整改，自动存储图片和视频形成执法依据
17	（非）机动车乱停放监测	识别城中村车辆乱停放现象，短信提醒"城市管家"或网格员先行劝阻，30分钟后再次识别；若未处置，则智能分拨到社区，形成闭环管理
18	人员聚集识别	选取公共广场、工业园区等人群易聚集的场景试点应用，监控范围内出现5人以上聚集且时间超过10分钟的情况（工作时间内）

续表

序号	应用场景	主要功能
19	电动车入户监测	利用楼栋视频门禁摄像头，对电动车违规入户进行精准识别和全天候监控
20	消防通道堵塞监测	对消防通道等禁停区域进行 24 小时监测，AI 识别乱堆杂物、非机动车违停占用等堵塞消防通道的现场
21	道路破损识别	对人行道路、公园、广场、绿道等公共区域进行监控，智能识别道路破损、黄土裸露等道路安全隐患，精准推送至相关责任部门处置
22	安全用电智能监测	通过智慧空气开关监测居民家里的电路运行情况，对过压、过流、过载等情况，发现用电安全隐患后实时报警
23	电动车智能充电柜	按照"一栋一柜、一村一点"的要求，在城中村建设智能充电桩和智能充电柜，打造电动自行车全业务链条监管体系，对充电桩进行实时监控
24	工地"绿网"漏盖预警	可实现无人全自动监管，连续 8 小时施工未覆盖防尘绿网的情况将被自动识别预警，以视频监控+AI 算法掌握实况，第一时间处理
25	企业经营风险预警模型	多源应用社保、水电、舆情等涉企数据，实时监测企业经营风险预警
26	数字化防汛	运用"龙华区视频联网共享平台"调取道路交通高清探头，对易积水点进行实时监控，助力及时、快速、高效做好汛期城区防汛调度和排水防涝工作

续表

序号	应用场景	主要功能
27	政务 AI 工具箱	打造全区共用的 AI 工具箱,实现视频、图片、语义等多种方式运算分析,提升政务服务效率
28	AI 找人	针对小区老人、小孩走失的情形,"AI 找人"能根据家属提供的照片,捕捉目标人物 24 小时内出现过的时间、地点,运用人脸识别技术,判断目标人物的行动轨迹
29	边坡、挡墙结构雷达检测	利用高频电磁波技术,根据雷达图谱分析发现边坡、挡墙中的滑动面、富水区、疏松区、空洞等地质隐患,为边坡、挡墙开展全维度的"健康体检"
30	探地雷达及管中雷达地下空洞探测	通过电磁波的发射和接受,判断地下物质的介电常数差异,进而判断地下空洞、水土流失导致路面坍塌的隐患,检查地下管道内壁及外壁周边的地质破损情况
31	城市建设智能监管平台	对工程报备管理、巡查管理、安全检查管理、现场执法和执法管理等业务进行全过程智能监管,识别小散工程和零星作业等作业不规范、施工不文明等安全问题
32	厨余垃圾全量收运管理	开发餐厨垃圾收运处理在线监管系统,配备餐厨垃圾收运车辆 25 辆,规划收运路线 20 条,对收运车辆运行轨迹、收运过程以及司机、操作员的实时状态进行全程监控

序号	应用场景	主要功能
33	民营诊所服务监管一体化平台	从事前、事中、事后三个维度实现执法部门全流程实时在线监管，实现智慧精准监管，促进依法执业，遏制违法违规行为发生
34	医防融合路径化管理信息系统	通过与网格系统大数据对接，明确各街道、各社区、各网格重点人群基数，将全区家庭医生团队细分到辖区所有网格楼栋，对网格内重点人群进行精准匹配，包干到户，应管尽管，应签尽签
35	创建"无讼社区"	依托法院智慧办案平台与区块数据智能底板，通过匹配当事人涉诉登记地址及网格登记地址，进行成讼纠纷抓取，计算出各街道、各社区万人成讼率
36	生命关爱信息系统	建立区生命关爱中心信息系统，开展轻生行为信息收集、分级分拨、跟进处置、回访评估、结案归档等工作，形成发现、分析、干预的工作闭环
37	出租屋分级分类管理	将出租屋分为"六类三级"管理，实施不同等级的安全监督措施，公布出租屋警情、火情、消防、治安、隐患等关键要素，倒逼出租屋业主履行安全主体责任
58	书记茶话会	依托"i社区"智慧服务平台，线上线下相结合的方式，构建"书记茶话会"机制，各级党委书记每月邀请各界群众代表，围绕群众"急难愁盼"问题，通过喝茶聊天的方式，解决民生诉求

序号	应用场景	主要功能
39	独居老人安全伴侣	为独居老人配备智能终端呼叫、行动轨迹监测、紧急拉杆绳等物联感知设备，实时监测老人居家生活状态；老人遇紧急情况可通过终端发出求助信号，社区立即响应
40	"城市眼睛"数字治理应用	成立"城市眼睛"数字治理义工队，发布"城市眼睛"数字治理应用，鼓励引导社会力量协助查办治理隐患、开展志愿服务
41	"暖蜂工程"	创建"暖蜂驿站"，为快递员、外卖员等新就业群体提供关爱服务；开设"暖心热线"，提供有针对性的心理健康服务指导；"歇脚屋"一键导航，一指可查"歇脚屋"导航路线
42	暖心柜	首创线上线下一体化"暖心柜"，"爱心区"为深夜仍坚守在岗位辛勤劳作的快递小哥、外卖员、环卫工人等灵活就业群体和困难群众提供免费暖心物资。"兑换区"为参与社区共建共治的居民提供志愿服务积分兑换物资功能
43	惠企服务进党群	依托"i龙华"上线"惠企进党群"平台，将惠企服务和数字龙华建设深度融合，构建全区"线上一网、线下一窗"全链条服务体系，为企业提供一站式惠企服务

（二）经验启示

龙华区从试点"党建引领社区治理"平台，到全面深化"党建＋科技＋治理"模式，再到全域推广"党建引领数字治理"改革，始终坚持将党的领导贯穿数字治理的全领域、全过程、全环节，着重推动党建与业务双融双促，通过数字化、智能化方式让党的工作触角延伸得更广，健全双向服务机制，更好地调动各级党组织、社会组织、志愿服务力量等协同共治，让群众真切感受到党的力量时刻就在身边，形成共建共治共享氛围。在提升基层治理效能、实现服务流程再造、提升群众获得感等方面取得了较好成效，为基层治理数字化转型提供了重要借鉴和启发，主要借鉴经验如下：

从治理目标来看，要坚持治数为民，从企业和群众的多层次多样化需求和体验为出发点，通过数字赋能，因地制宜地推出更多符合辖区企业和群众结构特点的交互式、精准化、个性化服务，持续增强基层服务的可及性、高效性与便利性，最大限度地减少企业和群众与党委政府打交道过程中的堵点和痛点。从治理主体来看，要坚持从系统

149

性、整体性和协同性出发，健全党建引领多元主体参与的基层治理共同体，厘清区、街道、社区、企业、物业、社会组织、公民个人等不同主体的权责边界，建立有效的管理机制、责任机制、协调机制、利益机制等，凝聚人人参与、人人尽力、人人享有的共同体意识和共建共治合力，充分发挥协同治理效应。从治理手段来看，要广泛利用数字化平台和技术赋能基层，充分发挥平台聚资源、促配置的作用，再造工作流程和优化配套机制，推动技术和业务的深度融合，提升治理的科学化、精准化、透明化、高效化；着力加强人才保障，加快建设复合型数字人才队伍建设，全面提升数字治理能力。从治理过程来看，要坚持"自上而下"与"自下而上"相结合，充分加强顶层设计，推动"一张蓝图绘到底"，构建统一的数字底座和标准规范，积极下沉数据、视频等资源，实现上下一体、条块结合；重视"自下而上"反馈机制在治理中的作用，解决"两张皮""一头热"等问题。

五、数字司法治理：北京互联网法院"互联网＋审判"办案模式 ①

2018 年 7 月 6 日，中央全面深化改革委员会第三次会议决议增设北京互联网法院，2018 年 9 月 9 日，北京互联网法院正式挂牌成立。这是贯彻落实习近平总书记网络强国战略思想，全面推进依法治国战略部署，推动网络空间治理法治化，提升互联网治理国际话语权的重要举措。自成立以来，北京互联网法院紧紧围绕"让人民群众在每一个司法案件中感受到公平正义"的工作目标，坚持制度创新与科技应用双轮驱动，探索新型互联网诉讼规则，积极运用互联网信息技术，引导当事人网上立案，大胆探索网上调解和网络开庭，创新"互联网＋审判"的非接触式办案模式，在提高司法治理成效、为全国法院疫情防控期间审判工作"不打烊"提供参照样本。

---

① 相关案例数据系深入北京互联网法院调研、访谈所得。

（一）主要做法

北京互联网法院聚焦集中管辖北京辖区类型化案件特点、成讼原因以及治理难点，创新互联网司法供给方式，用技术重塑治理结构，探索出"依托党委领导、府院联动、示范引领、多方参与、科技支撑"的"e版权诉源共治体系"治理模型。

一是依托党委领导，主动融入党委统领下的社会矛盾纠纷预防化解机制。一方面，积极对接北京市委有关部门，紧紧围绕互联网著作权纠纷案件中存在的诉讼牟利、批量诉讼等涉诉突出问题，召开20余次研讨会、闭门会，积极报送意见建议，争取党委支持。另一方面，认真对标市委相关文件，将数字版权等重点领域批量纠纷化解作为服务首都数字经济高质量发展的切入点，出台了《关于为促进北京数字经济创新发展提供有力互联网司法服务和法治保障的意见》23条举措，精准司法，为市域治理提供互联网司法保障，将党的领导贯彻到诉源治理全过程。

二是依托府院联动，深入推进常态化协同机制，打造行政、司法、行业共治主体联动的闭环。首先，坚持网络版权问题导向和结果导向，从审判终端进行问题倒推，通过与市委宣传部、市版权局等联席会商、发布典型案例等多种方式，为有关部门行政监管提供参考。其次，主动助力市版权局建立著作权数字登记平台，联合版权登记机关、数字文化企业、版权存证平台等多方力量，提供权利数字登记、电子存证、交易流转等服务，打通行政版权登记信息与司法审判之间的数据壁垒，实现版权登记信息实时交互、高效调取、高可信度。最后，积极联合市版权局发起倡议，倡导建设集约化数字著作权交易平台，覆盖确权、授权、用权和维权全过程，大大降低权利人举证难度和庭审对抗性，实质化提升庭审质效，推动构建良好版权生态。

三是依托技术赋能，实现"双链对接"，形成确权、鉴权、维权权利轨迹流转的闭环。首先，紧扣纠纷源头，在确权环节实现双标统一。针对版权纠纷权属不清、授权不明等焦点问题，进一步加强对图片权属、授权审查，出台类案审理问答，形成版权司法审查的确权规则，依靠"版权链"与"天平链"联通，实现司法认定标准与行政版权登记监管标准统一，提升版权登记的公信力，解决权属认定难题。其次，实现全程追溯，保证鉴权环节数据不可篡改。利用区块链点对点分布式记账、非对称加密、时间戳等技术优势，生成版权登记数字证书，与"天平链"进行联通对接，成为版权授权、许可和交易唯一标的，确保版权权利登记信息可信溯源，降低权利人举证难度和庭审对抗性。最后，确保精准对接，在维权环节建立快速通道。探索确定可信数据共享标准，简化"天平链"与"版权链"涉诉数据调取手续，实现版权登记信息一键调取，区块链跨链自动验证。2021 年 3 月，该院审结了首例依托"版权链－天平链协同治理平台"的版权案件，依职权调取了北京版权保护中心存档的涉案图片授权登记材料，完成了区块链跨链验证。

四是依托示范引领，统筹诉非衔接，构建线下有组织架构、线上有解纷路径的闭环。一方面，推动在线调解一体化运行，运用信息化手段搭建"云调 E+"非诉平台。其中，29 家特邀调解组织以"开店"形式统一入驻北京互联网法院在线调解平台，为当事人提供"一站式"全流程在线调解服务。如此前已成功化解的一批图片版权纠纷，涉及 15

名摄影师、6万余张图片，起诉案件高达4060件，利用"云调 E+"非诉平台，最终促成双方达成一揽子和解协议。另一方面，充分发挥诉讼示范作用，加强互联网著作权纠纷源头治理。发挥社会各方解纷作用，积极联合行政机关、行业协会调解平台等专业力量，以版权诉非在线调解平台为支撑开展"云对接""云指导""云化解"，并附载到法院电子诉讼平台上。通过"一庭"（一次样板式庭审）、"一书"（一份示范性判决），用司法裁判"一揽子"推动更多纠纷在诉前解决。此外，北京互联网法院积极延伸诉讼服务触角，在央视网、小米网、腾讯、新浪等12家互联网平台开通诉讼服务工作小站，将非诉调解、典型案例、示范庭审等线上功能进一步"移植"，让法律服务更加个性化、有精度，加强重点领域矛盾纠纷源头化解，推进源头治理进平台、进网络，形成互联网纠纷分层递进解决机制。

（二）主要成效

建设全流程一体化电子诉讼平台，形成诉讼模式从线下到线上的整体架构。通过人脸识别、图像识别，做到主体身份、诉讼材料高精度电子确认，支持了 100% 的线上立案率。高宽带、云视频、屏幕共享，确保视频开庭最优体验。主导建设"天平链"司法区块链平台，上链证据一秒验证，智能合约一键执行立案，诉前调解协议一键智能查、冻、扣。内外网交互、云存储技术，保证了司法数据的安全和可持续利用。

搭建在线诉讼服务中心，优化智能办案系统，为当事人提供一站式智慧诉服务。满足用户诉讼风险评估、多元解决纠纷、起诉状自动生成、电子证据存证等各项需求。AI 虚拟法官让"云端"智能辅导更加接地气、有温度。触角前移到平台内的"诉服工作小站"，让法律服务更加个性化、有精度。为法官搭建了一体化智能办案，囊括了类案检索、文书智能生成及纠错、可视化审判管理、卷宗自动归档等各项办案需求。一站式、一体化的建设思路，实现诉讼活动、审判流程、数据利用的闭环管理、无缝对接。

"天平链"接入管理规范和接入技术规范，成为业界的风向标。疫情期间，针对在线诉讼规范性、严肃性不足的问题，在 13000 余次、近 8000 小时在线庭审基础上推出的《北

京互联法院电子诉讼庭审规范》，为全国法院规范开展在线
诉讼提供参考；制定出台《在线调解规范》《在线诉讼庭审
礼仪规范》，实现在线诉讼规范"全覆盖"；应用虚拟成像
技术，做到"打开电脑就有法庭"；仅3平方米的5G"虚
拟法庭舱"，规范、智能、绿色、环保，打造了智慧法庭新
样板。

截至2021年12月底，当事人立案申请在线提交率
100%，诉讼费用在线交纳率94.6%；在线庭审率99.9%；
案件平均庭审时长约36分钟，平均审理周期71天，裁判
文书电子送达率92.2%，裁判文书自动履行率91.4%。执行
案款发还用时仅2.2天、执行案款发还率98.36%。通过区
块链"智能合约"一键执行立案、"屏对屏"即时扫码履行，
每笔案款平均发还周期2.15天。

（三）经验总结

坚持以裁判树规则，促进网络空间依法治理。对待互
联网新技术应用，引导技术创新朝着服务数字经济、促进
产业健康发展、造福人民生活的方向良性发展。审理全球

首例"人工智能著作权案",首次提出 AI 生成内容享有民事财产权益,激励人工智能技术在文创领域的应用;"百度网盘搜索链接案",确认提供网盘资源分享链接的搜索服务构成帮助侵权;"13 秒抖音短视频案"明确作品独创性与时间长短无关,被誉为促进短视频行业飞速发展的里程碑式案件,入选中国法院十大知识产权案件。

对待互联网新业态发展,本着服务发展,保障权利的理念,在"快手直播带货案"中,首次确认了直播带货人"经营者"身份,提高了直播带货人的带货责任,规范流量经济时代的直播带货行为。对于视频服务平台,以防止损害用户需求为出发点,在鼓励商业模式创新的同时,明确指出不能以用户权益为对价,该案入选 2020 年全国法院十大商事案例,被写入最高法院工作报告,入选全国百篇优秀裁判文书。敦促电商平台完善对消费者权益的保护,在"每日优鲜短信推送案"中,对消费者退订广告的 1 毛钱费用判令由电商平台负担。

对待互联网时代公民权利,坚持严格保护,让互联网时代下公民的生活安宁有保障、公民人格尊严受尊重。对于个人信息保护，"微信读书案"，明确互联网产品收集用户个人信息时，必须关注到人格权保护，为数据合理利用划清边界，入选全国百篇优秀裁判文书。对于私人生活安宁，"丁聪家书案"，认定即便因商业方式合法取得，孔夫子旧书网拍卖他人家信亦构成侵犯个人隐私，"热播剧泄露手机号案"，明确影视作品不当泄露他人手机号码构成侵害私人生活安宁。

对待互联网乱象，坚决从严治理。对于网络黑灰产问题，严厉打击暗刷流量、职业差评以及雇佣"黑枪手"发布"黑稿"等现象。"暗刷流量案"被"中央政法委长安剑"称赞"一字一句，皆为担当"，被写入最高法院工作报告，入选"弘扬社会主义核心价值观十大典型民事案例"。对于以创新为名、行侵害著作权之实的行为，严格加以规范，依法认定以"图解电影""听音识剧""共享会员""主播陪看"等所谓的"新方式"提供的网络服务构成著作权侵权。对于粉丝文化影响下青少年网络素养缺失问题，在集中审理的涉及"明星"名誉权案件的基础上，2019年即调研形成"饭圈"影响下的《"粉丝文化"青少年网络言论失范问题研究报告》，有力推动了六部委对"饭圈"不良现象的联合治理。该报告又被中央电视台、《人民法院报》《北京日报》等媒体引用。

依法审理一系列涉及网络言论侵害他人名誉权的案件，及时亮明司法态度，规范网络言论。严格界定公民言论自由的界限。如部分案件中，被告使用侮辱性绰号辱骂某明星粉丝群体，借以含沙射影辱骂该明星，依法认定被告针对明星粉丝的饭圈"黑话"包含对该明星的侮辱意思，构成对该明星侵权。合理明确公众人物的适当容忍义务。基于公共利益优先原则，认定在发言人主观非出于恶意攻击、谩骂，内容未偏离公知事实的情况下，公众人物应对就其业务能力的合理批评予以接待和容忍。坚决遏制诉讼行为失范失信现象。部分案件中，被告在诉讼期间发起"打赏"，组织同属性粉丝为其筹款，认定因"打赏"所获款项构成违法所得，依法全部予以收缴以示惩戒；被告在诉讼中辩称发表不当言论的账号非本人注册，并提供伪造的派出所户口专用章的证明材料，依法对其做出罚款 10 万元的决定，为当事人诚信诉讼提供行为指引。

六、数字健康治理：基层数字卫生健康共同体的探索 ①

天津市老年人口数量逐年上升，已进入人口老龄化加速期。根据第七次人口普查结果，天津市 60 岁及以上人口为 300.27 万人，占天津市总人口的 21.66%，以老年人、慢性病患者为主要服务对象的基层医疗卫生服务机构，亟待进一步提高服务能力。近年来，天津市以推动基层数字健共体建设为牵引，通过互联网、大数据、人工智能、云计算等数字技术赋能基层，在提高基层医疗服务能力、做强分级诊疗、重塑医疗服务流程和管理模式、服务市民全生命周期健康管理等方面取得了较好成效。在国家卫生健康委体制改革司和宣传司指导的 2020 年度"推进医改服务百姓健康十大新举措"活动中，天津市凭借"创新打造'四朵云'平台，推进基层数字健共体建设"，位列十大新举措

---

① 相关数据系深入天津卫健委、医保局及相关医疗机构、第三方平台调研、访谈所得。

榜首[①]。

（一）主要做法

通过"四个共同体"，建立权责明晰的治理协调机制。依据天津市卫生健康委、市医保局印发的《天津市基层医疗卫生机构数字健共体建设指导方案》《关于对天津市基层数字健共体建设模式评估认定的批复》等，由第三方互联网医院平台牵头，协同全市 266 家基层医疗卫生机构，组建紧密型基层数字健共体。天津市基层数字健共体通过建立协同发展机制，打造"管理共同体"，数字健共体内各医疗机构在规章制度、技术规范、人员培训、绩效考核等方面执行统一标准，实现以上带下、协同发展；通过建立共建共享机制，打造"服务共同体"，健全数字健共体运作机制，实现组织同建、管理同步、服务同做、资源共享，形成优势互补的医疗卫生健康服务体系；落实医

---

① 《2020 年度"推进医改服务百姓健康十大新举措"发榜天津榜上有名》，津云客户端 2020-12-24，https://baijiahao.baidu.com/s?id=1686924581861296319&wfr=spider&for=pc。

保部门对紧密型医疗联合体实行总额付费的政策，着力打造"利益共同体"，基层数字健共体内各成员单位与牵头单位通过一对一协议，明确各自责任、权利和义务，建立资源共享、分工协作、责任共担和利益共享机制，共同完善区域医疗卫生健康服务体系，建立以家庭医生责任制为基础，以健康管理绩效为核心，多劳多得、优绩优酬的内部分配机制，并与药品、耗材和检查检验收入脱钩，通过结余留用资金提高基层医务人员阳光化收入，激发基层健康管理动力；通过建立分工协作机制，打造"责任共同体"，即界定数字健共体牵头医院、区域中心医院和基层医疗卫生机构的关系，全面落实分级诊疗制度，逐步建立管理统一、服务同质、利益共享、责任共担的工作机制。

建立以家庭医生为主体的人头付费和区域总额打包机制，强化基层三医联动机制。天津市医保局、市卫生健康委落实国家医保局、国家卫生健康委关于鼓励支持互联网医保、互联网医疗健康发展的要求，相继出台了《关于支持紧密型医疗联合体整体参加医保支付方式改革有关工作的通知》《关于支持医疗联合体内处方流动有关工作试行的通知》《关于印发〈天津市"互联网+"医疗服务医保支付管理办法（试行）〉的通知》等政策文件，数字健共体内各成员单位建立分工协作和转诊机制的，可依协议约定统筹使用医疗联合体同一险种的医保总额指标。建立"总额管理、结余留用"的激励约束机制，促进区域医疗联合体内各级各类医疗机构加强分工协作，上下转诊、分级诊疗。依托云平台等数字化手段促进医保结余留用，重点完善医保、医药、慢病管理体系，减少重复医疗、不合理用药、管理不足引发并发症等带来的医保支出，提供医保控费基础；通过大数据分析和挖掘、升级事前事中事后审核、引入人脸识别系统、药品电子监管码等手段，加强医保控费和监管，规范医生诊疗行为，避免医保拒付、套保骗保等现象发生，从而促进医保基金精细化管理，提高医保基金使用效率，形成医保结余留用。

以"四朵云"平台赋能，提升基层医疗健康保障能力。天津市基层数字健共体通过建设市级云 HIS、云公卫系统，推进基本医疗和基本公卫服务互联互通的"云管理"平台。

"云管理"平台通过建立数据管理中心与数据运营中心，促进基层数字健共体内各类医疗服务纵向贯通融合，实现基本医疗和基本公卫服务等数据互联互通，推进基层数字健共体内健康档案、电子病历和检验报告、影像资料等信息共享和业务协同，为诊疗路径、病种管理、药事服务、检查检验、薪酬绩效、医保监管与结算等提供标准化、数字化的支撑与统一管理。统一的"云服务"平台通过建立家医服务中心、诊疗服务中心、健管服务中心、特需服务中心，为居民提供多形式、多层次、多样化的中西医结合医疗护理和健康管理服务。统一的"云药房"平台通过建立药事服务中心，引入"互联网＋药品保障"服务模式，推动全市基层医疗卫生机构和二、三级医疗机构药品目录有效衔接，延伸基层慢病管理和长处方工作制度，通过统一标准，强化处方点评和监管、处方外流、现代物流配送药品等方式，解决基层医疗卫生机构药品保障不足、使用不规范等问题，着力满足社区慢病患者多样化用药需求。统一的"云检查"平台通过建立检验检查中心，优化医疗卫生资源集约配置，推动建立"基层检查、上级诊断"的服务模式，实现检查检验数据互联互通、结果互传互认和优质医疗资源共享。

以数字化赋能，助力数据共享、优化流程与业务协同。天津基层数字健共体通过数字健康管理平台建设，投入网络接入设备和工作站设备 635 台（套）、云巡诊包 41 套，投入工时 1.3 万人／日，搭建起数字健共体数据管理平台和数据运营平台，初步实现医疗、医药、医保、基本公卫、健康管理等数据接入和互联互通。依据天津市基层数字健共体，通过数字化手段实现标准化门诊业务，优化基层医疗健康服务流程，为签约居民提供安全、有效、连续、可及的一站式医疗健康服务。以家庭医生责任制为基础，通过社区慢病管理中心打造区域数字化健康管护模式，为签约患者提供以健康管理为中心的全流程服务，推动基层医疗卫生机构服务模式转型。

（二）主要成效

云平台赋能，基层医疗服务能力得到有效提升。天津市基层数字健共体云平台聚集各成员单位 2800 多名家庭医生在健共体内多点执业，促进医疗资源平稳有序流动和科学配置，提升医疗服务同质化水平。医疗机构分工协作得到进一步加强。首期以 21 家三级医院和专科医院为重点，打通基层预约上级号源绿色通道，为患者提供精准转诊、精准医疗的连续性医疗服务，缓解群众就医"挂号难"问题，推动落实基层首诊与分级诊疗。慢病服务能力得到进一步提升。数字健共体通过数据和接口对接，连接医保、同步各医疗机构的药品目录、医师信息、药师信息，建立统一管理、调配、配送的"云药房"平台，保障处方可追溯、防伪造、全程留痕，提高处方审核效率和准确度。目前，基层医疗卫生机构以往供应药品品种平均不足 400 种，通过"云药房"平台，遴选补充居民有需求的药品种类，涵盖 1560 个品种，品规数达 2785 个，实现全市基层医疗卫生机构和二、三级医疗机构药品目录有效衔接，有效保障了处方延伸和长处方服务需求，强化了处方审核和处方点评工作，为居民提供了送药到家、线上指导等便利化药事服务。目前已累计为居民提供 177 万余张处方服务，送药到家 12 万余次，优化处方 8.8 万余张，专业用药指导 1.7

万余人[1]，解决了老百姓在基层"取药难"问题。

将医疗和医保责任相融合，三医联动融合成效凸显。基层数字健共体作为整体参加天津市医保支付方式改革，落实医保统一结算工作，累计完成资金拨付 4.12 亿元，运行平稳。落实糖尿病按人头付费工作，涉及医保资金 4650.51 万元，节省医保资金近 1289.09 万元。建立以健康管理为中心的绩效激励机制，通过药械联采降价腾出的空间和医保支付方式改革结余留用的部分，已累计形成 4313 万元的绩效资金池，将用于提升医务人员规范诊疗和开展医疗健康管理的积极性。截至 2022 年 6 月，利用医保智能审核系统中的"药老鼠"模型，发现可疑违规 20 组 70 余人，涉及违规金额 149 万元，并提交相关部门办理，有效控制了医保基金风险[2]。

患者就医体验得到进一步提升。目前，天津市基层数字健共体已与 71 家基层医院建立了标准化慢病管理中心，共

---

① 基于实地调研与深入访谈整理。

② 基于实地调研与深入访谈整理。

同管理包括糖尿病患者、高血压患者在内的逾 90 万名慢病患者。根据 2022 年 3 月 1 日至 6 月 14 日的统计分析，没有进行标准化示范管理的患者血糖达标率为 24.29%，而纳入标准化示范管理的患者血糖达标率是 41.39%，后者比前者高 17.1%[①]。

（三）经验总结

以数字化驱动卫生健康治理体系变革。天津通过基层数字健共体的改革实践，明确了健共体内的管理机制、服务保障机制、利益共享机制、责任共担机制等，完善了区域基层医疗卫生健康服务体系，在优化医疗资源配置、重塑医疗服务流程和管理模式、提高人民群众获得感、推动基层医疗服务健康治理变革等方面取得了较好成效。天津基层数字健共体探索实践，为有效解决基层卫生治理中面临的多主体合作共赢机制不健全、三医高效联动不足、基层服务能力不足、医生激励机制不健全提供了数字化治理方

---

① 基于实地调研与深入访谈整理。

法路径与经验借鉴。

"数字化"赋能惠民，为推进卫生健康、医保和社会治理现代化积累了经验。天津市基层数字健共体推动了社区卫生服务与互联网深度融合，一定程度上实现了互联网与医疗服务、公共卫生、家庭医生服务、健康管理、药品供应、检查检验、医保结算、教育科普相融合。采集"卫、医、药、检、保、管"全周期、全场景的数据，通过以人为主的索引实现数据归一，助力人、财、物、信息等优化重组、集约使用，健共体间形成相互配合、优势互补、错位发展，为有序转诊、实施分级诊疗及提供全方位、全生命周期的健康服务打下基础，为破解医疗卫生健康领域的"信息孤岛""数据烟囱"难题提供了重要参考，为医疗卫生资源发展不充分不平衡问题的解决提供了路径选择。

以政府为主导，协同社会力量与资源参与，加强多方参与合作。天津市基层数字健共体在政府的主导下，以市场化机制吸纳社会力量，联合266家公立基层医疗卫生服务机构，积极探索"1+2+4"的改革路径①，做实做细服务、责任、利益、管理"四个共同体"。探索构建目标明确、权责清晰、分工协作的新型医疗卫生服务体系，旨在解决以往改革所面临的资金、人员和技术手段等瓶颈。

客观看，基层数字健共体可以说是具有天津特色紧密型医共体的新形式，是互联网、大数据、人工智能同健康服务产业深度融合的新实践，是强基层、促健康以及使用数字化重塑基层医疗服务体系的新样板，是政企合作加速"医疗＋医保＋医药＋互联网"深度融合的新探索，是以合作的方式推动基层医疗卫生服务的发展和改革、构建可持续发展的健康服务新引擎，也是天津市政府促进平台经济、共享经济健康发展的新举措②。

---

① 在一个顶层设计下，以夯实家庭医生作为"健康守门人"和"医疗费用守门人"为抓手，落实云服务、云管理、云药房、云检验"四朵云"的线上线下一体化建设。

② 参见李韬：《数字健康：构建普惠均等共享的卫生健康共同体》，北京，人民出版社，2021。

七、网络安全治理：龙江数字安全大脑实践 [①]

近年来，黑龙江省加强网络安全和信息化发展顶层设计，部署"数字龙江"建设，在强化网络安全根基，提升数字治理能力方面进行了有益探索。在数字龙江建设过程中，将网络安全作为数字龙江能力底座来统筹规划建设，注重加强与国家战略方针及规划的密切衔接，加强全省网络安全和信息化规划的一体统筹，分阶段逐步实施落地。从全国首个省级网信办态势感知监管平台建成，到龙江数字安全大脑的规划筹建，龙江安全能力建设一张蓝图干到底，持续叠加演进，为区域数字治理能力提升夯实网络安全根基。

（一）主要做法

面向全局态势监管，打造首个省级试点。按照"抵近部署，集中感知，有效防护，快速响应"的创新思路统筹省

---

① 案例相关数据系深入黑龙江相关部门、安天实验室调研、访谈所得。

级态势感知平台规划和建设，通过部署将主机防护能力覆盖全省重要政府网站，并对部分重要信息系统和关键信息基础设施进行了流量监测能力试点部署。通过有效结合监测结果与威胁情报数据，实现了全省网络安全整体态势展示，为全省网络安全监测、预警、应急处置管理流程提供了支撑。相关前期工程已经陆续竣工应用，提升了全省网络安全的管理能力，为后续网络安全建设和数字空间治理持续提升打下了良好的工作基础。

强化省级中枢统筹，建设龙江安全大脑。与经济发达地区相比，黑龙江受限于省级财力水平，加上数据采集较为离散和被动、数据治理能力不足、数据统筹管理机制不完善等问题，加大了后续数据治理及数据利用的困难。黑龙江充分发挥哈尔滨工业大学、安天实验室等网络安全技术优势，大力加强网络安全整体规划和省级中枢统筹建设。通过相对超前的省级态势感知平台，数字龙江安全大脑等网络安全基础设施建设，大大降低了信息化离散建设带来的机构防御风险和数据泄露风险，激发了数据要素应用的潜能。优先规划建设网络安全能力底座平台，使得以安全大脑为基础逐步衍生、扩展至综合型城市大脑，提高数据空间治理能力，是效费比最佳的路径。下一步如纳入国家战略安全能力支点基础设施，将进一步辐射服务东北亚及"一带一路"友好国家地区。

发挥网络安全产业优势，带动数字龙江全面发展。注重发挥龙头企业的带动作用，以重大工程牵引龙头企业规模化发展，以龙头企业赋能带动数字经济集聚，促进数字治理能力提升，形成良性交叉联动。通过重大工程牵引促进骨干安全企业先进技术应用和产业规模化发展，充分发挥安天实验室在军工防务、云和大数据、网络安全、移动互联、智能设备、信创等领域已经形成的安全赋能优势，吸引上下游合作伙伴入驻园区、形成安全优先的先进产品应用及社会治理试点，加速促进数字经济产业在黑龙江省壮大。促进大、智、移、云等先进战略技术在园区的研发及应用，加快数据资源在园区安全基础设施汇聚，助推数字产业化和产业数字化在全省的快速发展。

（二）主要成效

黑龙江开展了全国首个省级网信监管平台的试点建设并成功应用，进一步统筹推进数字龙江安全大脑规划建设。通过相对领先的网络安全能力基础设施平台规划建设，有效适应了从信息化迈入数字化阶段后，关键信息基础设施进一步集约化的趋势，高效支撑了服务黑龙江省的数字经济发展和数字政府建设，提高了面向未来的数字经济社会治理的战略统筹能力、体系支撑能力、风险防范能力、人才培养能力。通过项目建设拉动效应，有助于带动本地创新企业进一步发展，吸引更多网络安全领域专业人才落户黑龙江规模就业，促进经济社会健康持续发展。通过网络安全能力统筹规划建设，促进数字化体系协同和数据资源聚合，从总体上提高财政资金效率，最终将创造性地形成一套综合完善、集约高效、军民融合、可复制推广的省域级数字安全能力防护工程体系，为区域数字经济发展和社会和谐治理保驾护航，也为其他省域级数字化治理支撑体系建设提供了参考。

助力全方位、动态及时掌握各层次网络威胁事件，全面提高网络安全风险预警和防范工作能力，减少因网络攻击、勒索软件、挖矿、泄密破坏等给被攻击目标带来的潜在经济损失。全面实现数据的安全汇聚、安全流通、安全共享，实现数据的跨域关联、聚类分析，让数据真正跑起来、用起来。逐步实现对黑龙江网络安全运行状态的整体感知、全局分析和智能处置。

基于龙江安全大脑等系列网络安全能力工程，形成一系列标准体系、基础设施、能力平台。制定省域安全能力标准规范体系，有效规范省域安全能力建设标准、接口规范、运行流程、评价指标等，为全国提供了以省域统筹方式推进本区域网络安全能力规划和建设的路径，通过试点规范相关的技术体系、管理体系、运营体系以及评价指标，提高资金统筹使用效率、整体安全防御效果。

形成两类共性基础设施，包括高安全云数基础设施，以及数字安全网络靶场。高安全云数基础设施，拟基于"面向失效的设计"，对构成云平台的各个实现层逐层展开层次化防御，将安全能力落实到云平台底层安全防护、云上安全防护和安全实战化运行等各个实现层。在安全防护措施设计和具体落地方面，力求最大化覆盖构成高安全云数基础设施的各个组成组件，包括物理环境安全、物理网络安全、物理存储安全、虚拟环境塑造、云内纵深防御、态势呈现等，避免由于存在局部的安全盲区或者安全短板，而导致整个网络安全防御体系的失效。在数字安全网络靶场方面，拟建立网络安全测试、验证、认证以及训练基础环境，构建网络安全测试、验证与训练等业务的运营体系，构造持续测训演进的能力，具备网络安全相关产品、设备和系统的安全测试、验证与认证等能力，对有关网络安全人员进行训练与认证，支撑省级规模的网络安全事件应急响应以及重大专项演练等活动。实现不同行业和领域目标网络环境的构建，攻防演练，产品测试与验证，人员培训与养成等业务，为数字龙江等信息化工程提供安全支撑，提高全省网络安全人员水平，提高全省的网络安全防护保障能力。

形成安全监管与协同指挥两大支撑平台。服务数字龙江安全监管需求，实现全面掌握并监测重点资产安全状态，与国家级平台进行有效联动，形成系统高效的协同指挥体系，快速响应网安事件，全面提升区域安全防护与处置能力。安全运营服务响应平台，服务数字龙江政企安全防护需求，支撑区域整体安全运营体系，支撑全域政企机构构建起威胁预测、威胁防护、持续检测、响应处置的全闭环安全运营能力。

形成持续能力培育支撑，立足网络安全人才体系建设，面向产业数字化转型的安全需求、数字产业发展需求、安全人才培训需求、公众科普需求等，提供统一和持续的数字安全能力培育支撑，营造长治久安的数字龙江环境。全面支撑数字龙江安全场景需求，辐射数字政府、智能制造、数字农业、数字文旅、公共基础设施安全等数字应用场景的安全需求。

（三）经验总结

黑龙江基于省域开展网络安全规划建设，率先建成全国首个省级网络安全态势感知和应急处置平台，将防护和监测能力下沉到全省厅局委办和重要政府网站，总结出"抵近部署，集中感知，有效防护，快速响应"建设经验模式。

当前，正在规划建设的"龙江数字安全大脑"以统一安全能力底座，有助于支撑省域经济社会发展与区域整体的数字治理水平提升。龙江数字安全大脑的整体规划建设，注重发挥安天实验室等的骨干支撑作用，符合数字基础设施集中化建设运营的发展规律，提升了资金统筹使用效率，营造了网络安全产业发展的良好环境。

黑龙江的实践案例及发展路径表明，网络安全是数字空间治理的根基，对财力不足的区域来说，也有可能创造出数字治理特色优势的投入杠杆支点。网络安全基础设施系统在数据采集和网元监测方面的先天优势，是数字空间和数字行为网格化管理的高效支撑手段。对经济欠发达或信息化建设后发区域来说，优先规划建设网络安全能力底座平台，以之为基础扩展至综合型大脑和业务型大脑，从提高数字空间治理能力角度，将是效费比最佳的路径，值得相关区域及行业主管部门参考。

治理之策：积极拥抱数字时代的治理变革

伴随着数字化、网络化、智能化的深入发展，传统国家和社会治理体系受到巨大冲击挑战，在治理实践中面临一系列新问题新挑战。如何应对这些问题，考验着我们的智慧。我们应顺应数字时代的"时"与"势"，未雨绸缪，科学研判，及时做出正确抉择和理性应对。应在实践中不断探索、在探索中不断发展、在发展中不断完善，以发展的眼光、辩证的思维看待数字治理实践过程中的挑战与问题，立足我国经济社会发展实际，扎实推进数字治理实践，走出一条符合中华文明社会赓续创新的治理之道。

一、数字治理实践中面临的问题

一是治理主体数字化治理思维相对滞后、治理能力不足。数字治理首先要解决思维问题。继"马力时代""电力时代"之后，今天已经进入"数据时代""算力时代"，生产要素、生产力的改变，意味着生产关系的变革，基于千变万化的治理对象，治理主体的治理思维也应随之而变，各种治理主体应树立数字治理思维。然而，在现实中，一些治理主体不同程度存在"脚"已经迈进信息社会的门槛，"身体"还停留在工业社会，"脑袋"还是农业时代的思想。"不知有汉，无论魏晋"。针对数字化条件下的复杂问题，更是"心有余而力不足"，出现"一管即死，一放就乱"等现象。数字化对历史治理经验形成了挑战。随着信息化的加速发展，过去的社会治理模式和公共服务方式越来越难以适应互联网条件下人民群众分众化、差异化、多样化的需求。相应治理主体因应解决数字技术带来的复杂问题的能力不足、本领恐慌问题凸显。

二是数据不共享、不联通，数据安全保障能力不足。与计算能力相匹配的是有效数据，数据的总量和质量是决定数字化发展与治理的重要组成部分，随着数字技术和应用的不断深入发展，数据规模正呈指数型不断攀升，但与之相伴而生的是数据高度分散、信息冗杂、标准不一等问题，数据信息孤岛现象突出。同时，相关治理主体对数据安全重要性认识不足，重收集、重利用，轻安全、轻防护，数据安全保障能力相对不足。在数字化转型过程中，各级政府、国有企事业单位等相关治理主体信息化建设已经有了一定的基础，但大量数据仅仅留存在单位内部，尚未实现有效对接、联通、共享。一些大型互联网企业，用户规模庞大，掌握了海量数据，广泛涉及经济运行、公共事业、人口和法人基础信息、地理测绘信息等国家基础数据和大量公民个人信息，这加大了数据安全风险，各项应用系统中，从数据的采集、输入、存储、内部访问、前端展示等多个环节均存在数据安全隐患。相应地，数据治理却尚未建立统一治理机制，制度的完善相对滞后，如，在数据泄露检测、内部用户滥用、异常访问、事件追查等各个方面，均需要对数据安全进行控制与审查，若管控不到位，将会产生较大的数据管控风险。

三是数字治理中的网络安全保障能力有待进一步提升。网络安全与信息化相伴相生，信息化越发达，网络安全问题越突出。随着数字化应用与治理程度的提升，不同行业信息系统遭受恶意攻击的频率呈现出上升趋势、关键信息基础设施的安全基础薄弱、网络安全态势感知预警和反制能力相对不足，网络违法犯罪屡禁不止，给国家和社会治理、行业发展带来巨大网络安全隐患。此外，智能化、网络化使越来越多的物理设备相连，容易受到网络攻击并级联放大，产生"多米诺骨牌"效应。在抗击新冠肺炎疫情的关键时期，就出现了来自印度的黑客组织，利用新冠肺炎疫情题材作为诱饵文档，对我国医疗机构、政府部门发动 APT（Advanced Persistent Threat，高持续性威胁）攻击。然而，我国网络安全产业和企业基础薄弱、核心技术创新能力不足、网络攻防能力亟待提升，大多数治理主体缺少必要的网络安全防范意识、网络安全防护设备、系统防护及数据保护措施，进一步加剧了数字治理中的网络安全风险。

四是数字治理战略研究、政策研究、理论研究相对不足，难以对加速发展的数字治理实践给予前瞻性指导。近年来，中国数字经济异军突起，数字社会蓬勃发展，数字政府快速推进，但与数字化发展及治理的学术研究相对滞后、政策供给有待加强。尤其是对数字化发展及治理的丰富实践缺乏深度的规律总结与科学分析，对事关数字时代国家和社会治理的重大理论问题还缺乏系统研究与梳理，对事关数字经济、数字社会、数字政府的治理之策还缺乏前瞻性战略研究，对遇到的问题与挑战有时还无法给出相对理性客观、长期主义的答案，对全球数字治理规则制定中的话语引领还远远不够。

五是全球数字治理存在规则不平等、秩序不健全等问题。互联网应该是平等的、普惠的、均衡的、共享的，每一个个体都应该拥有大致平等的权利，不同国家、不同族群、不同人群之间也应该拥有平等的发展权、参与权、治理权。然而，当前全球数字治理中，存在规则不平等、标准不统一、秩序不健全等问题。特别是传统地缘政治与新兴数字政治问题相互叠加、激荡，给全球数字治理带来新的挑战。面对中国数字化的高速发展，美、日、欧等西方国家出现联合倾向，以构建数字治理领域"朋友圈"为名，妄图继续维系网络空间霸权地位。

二、数字治理的应对之策

一是树立数字治理思维，不断提升驾驭数字化发展与治理的能力。数字技术已成为治理创新的重要驱动力，以数字化治理思维探索构建系统化数字治理体系，对提升驾驭数字化发展与治理能力、推进国家治理体系和治理能力现代化具有重要价值和意义。应创新治理方式和手段、提高治理效率和质量，更好地利用数字化手段感知社会态势、拓宽沟通渠道、助力科学决策，切实提升各治理主体对互联网发展规律的把握能力、对数字经济发展的驾驭能力、对网络和数据安全的保障能力。应通过培训教育等方式切实提高各级治理主体对数字治理的认识和理解，准确把握数字中国建设和数字治理的时代意义和理论内涵，通过政策引导优化和完善干部考核与绩效激励制度，把数字治理能力纳入地方干部考核。通过行业自律和企业社会责任等渠道，提升平台企业有关数字治理的规则意识、伦理意识和法治意识，通过行业标准、地方标准的制定，发挥平台企业技术优势，更好地提供数字治理技术和工具。通过形式多样的宣传教育活动，提升广大民众对于数字治理的主体意识、权利意识和参与意识。鼓励行业组织积极参与数字治理议程，有序推进网络社群参与数字治理监督问责。

二是打破数据"烟囱林立"状况，实现数据互联互通、共享共用。应建立政府主导、企业运营、全民参与、共建共治的数据共享机制，对相关数据进行分类管理，促进不同治理主体信息的共通共享。通过行政、法律、经济、技术等手段打破现有数据"烟囱林立"的现状，为相关部门、行业提供分级、分类、共享服务，解决系统间、部门间协作问题，改变现有碎片化的数据管理格局，实现不同维度数据及时、真实、公开、互联互通；明确不同类别数据调取和使用的范围、标准，制定明确、可操作的政策法规，出台不同类别数据共享、数据应用等激励措施，鼓励数据合理、合规、合法、安全地开放和使用。

三是建立网络安全和数据安全防护体系，筑牢国家网络安全屏障。"没有意识到风险"是最大的风险。各治理主体应牢固树立网络安全和数据安全意识，主动承担起网络安全责任，建立网络安全工作制度。各级政府监管部门应承担起监管责任，加强对数字化服务全流程监管，开展线上线下一体化监管。对不同类别的数据进行不同的授权管理和分配，不同的存储点，有不同的责任人。明晰数据权属，数据所有权和使用权分离，数据使用要按需调用，安全授权。加强技术防控，提高数据安全防范与抵御风险的能力。针对不同类别数据的数据管控风险、外部供给风险、数据交换风险、数据泄露风险等，综合运用云计算、大数据、网络安全、人工智能、区块链等技术，建立数据安全防护体系，保证数据存储、数据访问、数据传输的安全，达到数据的可用可控。

四是加强理论研究，加快推进中国特色新型数字治理理论体系构建。政策背后是理论，只有穿透理论的层峦叠嶂，才能拨云见日、找到解决问题的切实可行的政策工具。必须认识到，互联网起源于西方，有关互联网、大数据、人工智能等发展及治理的研究大多肇源于西方，国内很多相关研究遵循的学术范式、使用的话语体系也大多源于西方。我们既不能人云亦云，"言必称希腊"，以西方数字化治理框架模式作为唯一标尺，也不能固步自封、自言自语。

而应该立足于马克思主义的立场、观点、方法，立足于中国国情特别是中国数字化发展与治理的实践，构建具有中国特色的数字治理理论体系①。

五是积极参与全球数字治理进程，抢占全球数字治理国际话语权和规则制定权。2020 年 11 月 21 日，在二十国集团领导人第十五次峰会上，中国国家主席习近平强调，"面对各国对数据安全、数字鸿沟、个人隐私、道德伦理等方面的关切，我们要秉持以人为中心、基于事实的政策导向，鼓励创新，建立互信，支持联合国就此发挥领导作用，携手打造开放、公平、公正、非歧视的数字发展环境。前不久，中方提出了《全球数据安全倡议》。我们愿以此为基础，同各方探讨并制定全球数字治理规则。"高举人类命运共同体大旗、积极主动参与各类双多边国际交流与磋商，深入挖掘具有中国特色、中国风格、中国气派的数字治理理论成果和实践经验，讲好中国故事、发好中国声

---

① 李韬、冯贺霞：《数字治理的多维视角、科学内涵与基本要素》，载《南京大学学报（哲学·人文科学·社会科学）》，2022（1）。

音。围绕数据流动、个人隐私保护、人工智能、安全治理
等国际社会关注的焦点议题，主动设置学术议题和公众话
题，推动和引领全球数字治理形成以规则为基础的多元参
与、以人为本、平等互利的治理格局，反对单边主义和霸
权主义，实现与我国综合实力特别是网络强国建设发展水
平相适应的国际规则的制定权和话语权，促进数字时代全
球的共同发展与繁荣。

三、把握好数字治理中的几个平衡

数字治理是一个复杂的系统工程，在治理过程中，还
应把握好几个平衡①。

一是把握好政府主导与多元主体共同参与的平衡。数字
时代的多元主体，对于治理的进程和效果既怀有共同的期

---

① 李韬、冯贺霞：《数字治理的多维视角、科学内涵与基本要素》，载《南
京大学学报（哲学·人文科学·社会科学）》，2022（1）。

盼，也怀有不同的利益诉求，当前我国多元主体协商的机制化建设尚处于起步阶段，平台化、常态化的多元主体协商治理平台还较为匮乏。互联网、大数据、人工智能等数字技术和应用的快速发展，进一步呼应与强化了"治理"本身所包含的民主、协商、多元特性，应合理界定政府、企业、社会组织和公民个人在数字治理中的角色，充分发挥各参与主体在治理中的作用，充分发挥政府在数字治理中的主导作用。从国际实践上看，政府一直在治理中扮演着重要的角色。针对数字化条件下的复杂问题，政府应不断适应数字时代要求，转变治理理念，坚持包容创新与审慎监管的政策原则，不能"一管即死，一放就乱"，应与时俱进推动自身职能转变，不断创新自身运行和服务方式，不断提高政府的运行效率、服务水平和治理能力。应更好发挥互联网平台或企业在数字治理中的主体责任。要看到，在数字化时代，平台作为新的社会组织模式、产业组织模式，在治理中日益发挥着关键性作用。一方面，平台深度参与到全球治理、国家治理、社会治理中，特别是超大型互联网平台作为非国家行为体在全球治理、地区治理中作用日益凸显。另一方面，平台作为"监管者"，应对平台参与主体及内部治理承担主体责任，通过平台准入机制、价格机制、信用机制、激励机制、信息保护、退出机制等强化监管，明确主要参与主体的行为规范，确保平台相关业务在国家政策、法律监管范围内开展。充分发挥社会组织、行业协会、网络社群、社会媒体在平台治理中的协同作用。积极发挥公民个人在平台治理中的促进作用。我国已经制定并颁布《提升全民数字素养与技能行动纲要》，应以此为战略指引，针对我国人力资源实际情况、准确把握我国人口素质结构，充分考虑新冠肺炎疫情影响下的教育新趋势，充分发挥数字技术的成本优势、充分利用平台企业的资源优势、充分调动广大民众自我教育和家庭教育的传统优势，以创新的方式开展全民数字素养教育，为我国数字治理能力的不断提升，为国家治理体系和治理能力现代化培育膏腴之壤。

二是应把握好行政逻辑、市场逻辑、技术逻辑与价值逻辑的平衡。数字治理需要以数字化条件下的问题为导向，充分发挥市场、行政、技术、价值等多样化、个性化、体系化治理手段的作用，以满足多元主体、多变客体与多维逻辑的治理需求。应做好政策、法规的延伸适用与创新。古人云，"立一法，生一弊"。应做好政策法规的延伸适用，让法的精神延伸到新的领域、新的业态，对于数字治理中存在政策、法律法规"盲点"的，及时完善、新增相应的政策、法律法规，填补监管"空白"。充分发挥市场化手段在治理中的重要作用。市场在资源配置中起着基础性作用，应基于数字经济内在的市场逻辑变化，充分发挥价格机制、竞争机制、供需关系调整等市场化手段在数字经济治理中的作用。创新数字化技术手段，数字治理中面临的很多问题及挑战是与新技术、新应用、新业态相伴而生的，应以技术"治"技术，充分发挥大数据、云计算、人工智能等技术在数字治理中的作用。重视文化、伦理在治理中的重要作用。数字治理中面临的很多问题归根到底是人的精神、思想和理念问题，应更加注重数字文化建设、数字伦理建设，夯实数字治理的文化与价值之基。

三是应把握好垂直治理与水平治理、分散化治理与集约化治理的平衡。数字治理包含了谁来治理（who）、治理什么（what）、怎么治理（how）等一系列重要问题，是个复杂的体系和过程，"大道不直"，数字治理不能用简单的直线性思维来考量。应坚持"自上而下"与"自下而上"相结合，充分发挥"自下而上"的反馈机制在治理中的作用，同时，还要充分发挥行业协会、社会组织、网络社群、公民个人在水平治理中的作用；应坚持分散化治理与集约化治理相结合，在数字化快速发展的今天，偏僻地区的通信立时可达，指挥系统信息的下情上达和上情下达已经容不得有须臾的等待，正如托夫勒所言，通过群策群力，让"下面"或是允许"外围"做出更多的决定，有助于提高治理的效率和灵活性。大数据、人工智能、区块链、物联网等技术和应用开放、包容、高效、透明等特征，为垂直治理与水平治理相结合、分散化治理与集约化治理相结合提供了很好的数据和技术支撑。

趋势展望：未来数字社会及其治理

　　当今时代，我们已经无可逃避地进入了一个数字化时代。一场基于互联网、大数据、智能算法等网络信息技术的权力转移正在发生，既有的社会运行机制、经济发展方式、产业组织模式等正在发生变革，进而对国家和社会治理构成一定程度的冲击和影响。立足当前数字技术与应用的发展趋势及数字治理现状，我们对未来数字化发展与治理做出一些初步判断，形成十大趋势展望，以期裨益于蓬勃发展的数字治理理论研究与实践探索。

一、虚拟空间深刻影响人类社会基本结构和治理环境

　　自古以来，人类社会的基本结构和治理环境始终是以人与人的实际交往及互动为基础，由此形成了一定的层级结构，从农业社会依靠血缘姻亲来判定，到工业社会以资

本多寡为依据，现实社会中生产力与生产关系的相互作用使人类社会始终处于一种相对稳定的"塔形结构"。

尽管有哲学家认为："数字技术既让我们进步，也能让我们退步……在人类历史上，文化服务于生活、科技服务于生存，而在当今时代，科技决定人类生活……科技的发展不会让我们成为硅谷所梦想和宣扬的'超级人类'，而会让我们成为一种没有辅助工具则将一事无成的生物[①]。"但不可否认的是，数字时代的到来终将成就人类历史上最为重大的社会模式改变，在移动互联网、社交媒体、虚拟人物等技术的驱动下，加之新冠肺炎疫情和国际安全形势的双重作用，人与人之间的物理接触将被以网络为媒介的数字接触代之，以数字为基本存在形式的虚拟空间将成为维系社会关系的关键纽带，人机互动将取代人际互动成为社会交往的主要形式。

---

① 参见 [德] 理查德·大卫·普雷希特著，张冬译：《我们的未来：数字社会乌托邦》，北京，商务印书馆，2022。

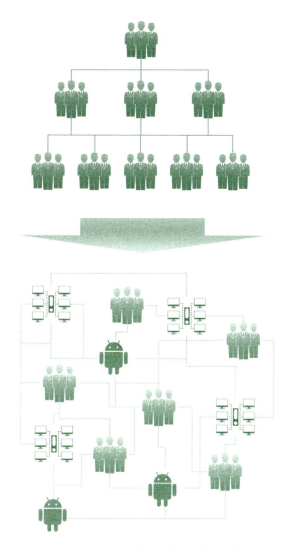

图 6-1　虚拟空间嵌入人类社会结构变迁

交往是社会的展开形式，经验是社会的展开过程，权力是社会的支配力量，而当超越空间限制的交往成为沟通交流最活跃、影响层面最广阔的交往方式，传递经验成为可以横向联结且能引导在场经验的主导经验，来自广大社会成员的认同权力改变了社会权力结构之后，社会结构将会因这些基本因素的变化而发生更加深刻的变化，人类社会将形成一种崭新的社会形态①。数字空间和网络媒介既可以使得人际交往突破时间和空间、甚至是跨语言交流的障碍限制，也可以大大减少因传统的社会阶层差异导致的沟通隔阂和交往障碍，使得传统意义上的阶层界限不再成为社会结构的主要支撑骨架，信息流逐渐成为形塑社会结构的关键要素，数字时代的社会结构或将从以社会化大分工为基础的人类社会"塔形结构"向以数字底座为基础的"网状结构"过渡，有关治理的传统认知将从根本性遭受挑战。

信息茧房、群体极化等数字化效应的日益普遍，使得社会结构有了全新的形成机制，虚拟空间中社交行为的匿

---

① 刘少杰：《网络化时代的社会结构变迁》，载《学术月刊》，2012（10）。

名性、网络社会与现实社会身份的剥离性，使得现实的社会结构在向虚拟空间映射时难免产生畸变，并对现实社会产生了前所未有的副作用，而网络社会结构的快速变化，又使得数字治理更为多变和不可预测。数字时代的社会结构演变，必然是现实社会结构的网络化、扁平化与网络社会结构的多变性、畸变性相互交织的复杂过程，其中涌现的治理挑战，将成为相当一段时间内难以回避的时代主题。

二、基于数据的决策将逐步成为公共事务决策的基本模式

数据是新的生产要素，是基础性资源、战略性资源和重要生产力，这已成为当今世界的普遍共识，但其推动决策科学化的作用却远未充分发挥。传统意义的社会公共事务决策，既取决于权力结构、社会规则、文化传统等，也取决于博弈与辩论，更多的还依赖于领导者个人的知识结构、经验直觉和情绪心理。而在数字时代，治理的多元主

体和多变客体，使得公共事务决策的协同性和灵活性大大增加，社会转型期的多重动力和社会治理的多样化工具，也使得公共事务决策的冲突性和应急性特征更为突出，传统决策模式日益显得乏力。

数据与信息是现代国家治理的基础，善于获取数据、分析数据、运用数据，是治理主体做好工作的基本功。以数据为依据的决策模式具有实时性、客观性、科学性的显著优势，必将在多元主体、多变客体的数字治理中逐步成为公共事务决策的重要模式，使得数字时代的公共事务决策更加科学、民主、透明、廉洁，更加精准、便捷、高效。

展望未来，依据数据的多元协商式决策将在未来数字治理的具体实践中扮演日益重要的角色，数据驱动的决策理论、决策模型、决策工具和决策机制也将成为国家治理体系和治理能力现代化的重要推动力量。数据科学与政治学、公共管理、经济管理的融合创新，不断为数字治理的科学化、智能化提供方法支撑和工具支撑，也将成为未来一段时期数字治理理论研究和实践探索的关键之一。

三、围绕数字平权的博弈将成为全球数字治理的中心议题

当当今时代，数字权力对社会权力体系产生了深刻影响。数字权力的迅猛扩张也给经济社会发展带来难以预见的问题和挑战。号称自由、平等、开放的网络空间，有时却充满吊诡，数字不平等、不开放、不包容、不透明等问题凸显，引发了社会公众和各国政府的关注甚至警惕。从当前数字社会发展和应用现状来看，数字技术已经成为全球可持续发展的基础变量。面对数字未来的航程，没人能够独木成舟。然而，从全球各地区和国家的数字化进程来看，各个地区数字技术发展参差不齐、各个国家之间的数字鸿沟依然较大，这就使得世界各国数字协同发展成为难题，为在全球范围内实现数字平等带来了诸多现实困境。截至2022年4月底，全球人口总数达到79.3亿，其中手机用户53.2亿、互联网用户50亿、活跃社交媒体用户46.5亿[①]。可以

① Simon Kemp, *Digital 2022: April Global Statshot Report,* 2022-04-21, https://datareportal.com/reports/digital-2022-april-global-statshot.

看出，尽管互联网用户占世界人口比例已经高达63%，但依然有37%的人口处于"未联网"状态。在"未联网人口"统计中，超过1亿人口未联网的国家有5个，其中印度7.43亿（占比53%），中国4.14亿（占比28.7%），巴基斯坦1.45亿（占比63.7%），孟加拉国1.137亿（占比67.9%），尼日利亚1.05亿（占比49%）。可见，对于发展中国家而言，尽管网络普及率不断攀升，但未联网人口总数依然较大。也就是说，不论是全球各区域、国家还是单一国家境内的各地区之间，都存在着较大的数字鸿沟。

在经济社会数字化转型的过程中，所有的国家和地区、所有的群体和个人都应该用得上、用得起、用得好互联网信息基础设施和各类应用；都应该享有大致平等的参与权、发展权和治理权；都应该减少数字领域的接入鸿沟、使用鸿沟、知识鸿沟、能力鸿沟；都应该避免"数字穷人"和"数字富人"的新阶级对立；都应该避免对"数字弱势群体"数字可行能力等基本权利的侵蚀。随着经济全球化进入数字化阶段，世界经济版图或将被划分为"数字南方"和"数字北方"。发展中国家面临重要机遇的同时，也因在文化教育水平、数字运营能力等方面的不足，面临新的数字鸿沟带来的风险挑战，传统的"三个世界"划分面临新的变局，"数字南方"与"数字北方"、"数据国家"与"非数据国家"将再次重构世界经济版图。

随着数字时代新权力意识的日益觉醒，在事关数字经济的全球规则制定过程中，从个人到国家都不可避免地具有强烈的权力申认欲望，关于平权的讨论将日益激烈。全球数字化发展权受限的问题、无障碍参与的权力问题、管理权不平等、确权和维权等一系列问题，都将成为各利益相关方争论的焦点，围绕数字平权的博弈将成为未来全球数字治理的中心议题之一，贯穿数字化转型的整个时代进程。数字权力扩张所导致的社会风险已经成为世界各国社会治理领域的重要议题[1]。现有的国际惯例和制度框架在面对数据剧增产生的治理断层问题时的无力，使得国内外一些学者主张绕过零散模糊的各国数据治理规则、建构国际公认的数据治理规则框架的呼声日益受到重视。

---

① 张凌寒：《数据权力的扩张与规制》，载《交大法学》，2022（2）。

四、超大规模平台企业、网络匿名组织等在全球数字治理中日益扮演重要角色

相对于传统国家，数字时代的非国家行为体在全球治理中扮演的角色将日益重要。如脸书（Facebook）目前月活数量超过 30 亿，占全球总人口的 39%、全球网民总数的 64%，对于全球数字治理的重要影响不言而喻。2021 年 2 月，在澳大利亚政府表示将以法律形式要求 Facebook 和谷歌等社交媒体公司向新闻出版商支付在其平台上分享或使用相关内容的费用后，Facebook 对澳大利亚采取了屏蔽新闻页面的措施，禁止澳大利亚用户查看和分享新闻。尽管双方很快达成了和解并各自宣布"取得了胜利"，但从更长的时段来看，国家政府与平台巨头之间的史诗级博弈才刚刚拉开帷幕。2022 年 2 月，俄乌冲突爆发，世界最大的黑客组织"匿名者"发布声明，称该团体"全体人员正式向俄罗斯宣战"并"攻陷"今日俄罗斯电视台网站。网络空间非政府行为体的影响力触角已经从日常生活延伸到战争，涉及了人类社会的方方面面。

数字时代，超大规模平台企业、网络匿名组织等凭借着其网络资源优势和技术优势，具备一般国家难以企及的治理话语权，必将对治理格局产生深远影响。可以想见，随着数字技术的不断加速发展，未来大规模平台企业和网络匿名组织的话语权力还将不断扩大，技术权力的外溢和扩张必将推动各种类型的"数字新贵"不断崛起。随着全球各主要经济体的数字化转型升级，数字经济对传统经济形态的取代，也势必推动"数字新贵"取代既有的工业资本大鳄，占据数字时代的治理舞台的关键位置。

在此治理过程中，技术逻辑、经济逻辑和政治逻辑的交锋与激荡，将在很大程度上决定未来数字治理的走向，基于不同国家和地区的不同发展阶段、不同的政治体制、不同的社会文化环境，将演化出多种多样的治理模式，使得全球数字治理进入"模式竞争"时代，而在经济全球化和网络全球互联互通的背景下，这种模式将在共同的数字基础底座上共存共荣，其延续时间在很大程度上取决于全球数字基础底座的健壮性和可用性。

五、社会治理的基础单元由人类家庭向人机融合家庭过渡

家庭是维系社会、支撑治理的基础单元，也是形塑人类社会文化心理结构的源头。当今社会技术的发展，使得"性、情、生、养"四者密不可分的状况发生了根本性变化，为传统家庭的裂解提供了可能性和必要条件①。人口的大规模流动，生养成本的提高，性别平等意识、个体权利主张的日益强烈等诸多社会因素正对家庭形态造成巨大冲击。家庭的社会功能日趋减弱，血缘姻亲纽带的弱化使得家庭的社会关系核心单元地位不断下降。

可以预见的是，当以上对家庭具有消解作用的各类已知因素充分释放、或社会对其充分适应后，家庭在社会中的地位又将进入一个相对稳定的时期，届时维系人类家庭的主要是法律意义上的成员间相互扶助的义务，以及感情上应对人类孤独感的需求。随着智能家居、智能机器人以

———————

① 杨菊华：《社会转型时期家庭的变迁与延续》，载《人口研究》，2014（2）。

及虚拟伴侣的出现与普及，机器满足人类情感需求和扶助需求的能力将大大超过人类，而其所需要承担的责任和义务却远小于人类，必将大大改变人类的交友观、婚恋观乃至生育观，智能体和虚拟人或将进入家庭替代部分成员角色进而催生人机融合型家庭，或将从根本上改变传统的血亲关系家庭。

图 6-2　智能体催生人机融合型家庭

未来社会，人工智能、机器人学的发展必然会颠覆传统的家庭结构和家庭伦理。通过类人机器人、类人生物、性别机器人和智能人妻子带来的各种情爱形式、性爱方式和婚姻模式冲破原有的肤色、种族和性别界限，构建出多元的家庭形式、两性关系和人伦系统①。而家庭结构的重大变化势必引起家庭功能的重大变化，尤其是智能体成员进入单身家庭、隔代家庭、留守家庭、流动家庭后，其替代和补位效用更为突出，将成为家庭成员规模减小和代际减少的又一支撑性工具，进一步加剧家庭结构形式的重心由联合家庭、主干家庭向核心家庭、单身家庭迁移。

六、基于技术与数据形成的信任共识机制将开启社会信任的新时代

信任作为社会"日常例行互动的必要基础的基础"，是

---

① 张之沧：《人工智能对家庭伦理的冲击与解构》，载《国外社会科学前沿》，2021（1）。

社会稳定的最后依据①。在农业社会，由于社会流动较为缓慢，家庭人口和代际数量都维持在较高水平，社会活动也多发生在熟人之间，因此基于熟人的信任机制成为最为有效的维系社会关系方式，乡规民约、邻里保荐作为乡土中国重要的信任机制，在很长一段历史时期都对社会正常运行发挥着关键作用。

而工业化大生产和城市化浪潮频繁的社会流动，使得"熟人社会"逐渐为"陌生人社会"所取代，日益精细的社会分工使社会信任作为维系社会结构的关键性因素愈发重要，而社会风险的不断增加和不可预知也需要社会具备远超熟人社会的信任储备。社会信任的模式和机制随之而变，法规、契约刚性规则逐渐成为陌生人社会的核心保障，个体在群体中的社会角色作为社会信任构成的又一关键也在工业时代中越发重要。

---

① 参见翟学伟、薛天山：《社会信任：理论及其应用》，北京，中国人民大学出版社，2014。

图6-3　社会信任从熟人信任走向数字信任

　　数字时代的来临再次改变了社会信任机制，深度伪造技术、社交机器人等新技术新方式的快速迭代和多变，使得法规、契约等刚性规则日益面临挑战，急需更强应变性的规则加以约束。信息茧房、群体极化、虚拟生命等新的社会现象和社会效应，也不断刷新着人类的传统社会角色。人类社会或将进入"零信任"甚至"负信任"为基本特征的时代，传统的社会信任机制将被虚实交融、真假难辨的数据海啸快速消解，借数据为依据，借由数字技术形成的超越熟人和规则的新信任共识机制终将登上历史舞台。

七、工具理性和价值理性的冲撞重塑数字法治能力体系

数字时代的社会矛盾和传统安全挑战体现出网络化、数字化、虚拟化特征，新兴网络公共安全事件呈现出低烈度、爆发快、波及广的特征，网络违法犯罪成为公共安全的主要威胁。网络空间日益成为立法、司法和执法的主阵地、主战场。

现代司法范式经历了形式司法、实质司法、协商司法的演变，其演化动力来自外部的社会条件变化，以及司法实践的内部反思。当代司法范式在信息化背景下已然面临三重挑战：一是双重空间对司法场域形成的冲击，二是平台治理对国家法律中心主义和司法至尊地位的消解，三是司法智能化转型的张力。数字时代，我们需要立足于后现代社会的生产方式、生活方式、行为方式和价值观念，为司法价值注入数字正义的内涵，推动演绎逻辑与计算知识的融合运用，探索数据驱动型纠纷预防[1]。

① 帅奕男：《数字时代的司法范式转型》，载《求是学刊》，2021（6）。

当今世界，数字技术、数字工具和数字化应用正对社会各个层面进行着潜移默化的改造。"最深刻的技术是那些看不见的技术，他们走下精英阶层，不断放低身段，将自己编织进日常生活的肌理之中，直到成为生活的一部分，从我们的视线中淡出。[①]"法律作为社会的公器，它必须基于对社会上各种元叙事的二阶观察，找到符合公共利益的社会关系调整方式[②]。数字技术或将不可避免地推动数字时代的法治范式转型。甚至有学者认为，应对虚拟世界的法律调整可谓一场有史以来的法律大变革或法律革命[③]。

经历了"自然人正义观"与"算法正义观"的排斥到融合、"个人数据保护"与"技术公共利益"的对立到统一的艰苦历程[④]，未来的法治将在数字技术驱动的工具理性与社会人文关照的价值理性之间冲撞融合，网络空间作为虚拟社会与现实社会的接壤之地，在产生层出不穷的触及法

---

① 参见凯文·凯利著、东西文库译：《失控》，北京，中信出版社，2010。

② 郑戈：《数字社会的法治构型》，载《浙江社会科学》，2022（1）。

③ 高全喜：《虚拟世界的法律化问题》，载《现代法学》，2019（1）。

④ 参见［德］托马斯·威施迈耶、［德］蒂莫·拉德马赫著，韩旭至、李辉等译：《人工智能与法律的对话2》，上海，上海人民出版社，2020。

学本质的新关系、新冲突、新挑战的同时，也将为立法、司法和执法提供层出不穷的新理念、新工具、新方法，这场发轫于网络空间的法治变革，终将对现实社会产生根本性影响，将成为重塑国家法治体系乃至推动国家治理的一场深刻革命。

八、数字技术或将开启文明赓续的新模式

"文明时代是社会发展到这样一个阶段，在这个阶段上，分工，由分工而产生的个人之间的交换，以及把这两者结合起来的商品生产，得到了充分的发展，完全改变了先前的整个社会。①"数字技术作为最先进的生产力，推动了生产方式和生产关系的深刻变革，并从根本上改变了文明的传播方式和传承逻辑。

---

① 中共中央编译局：《马克思恩格斯文集》第4卷，193页，北京，人民出版社，2009。

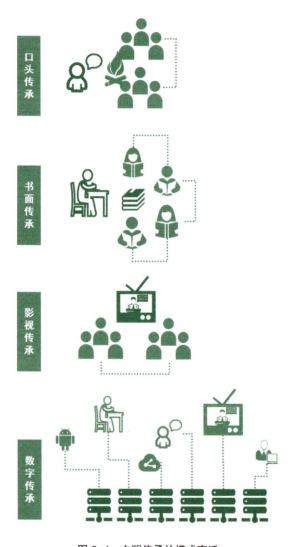

图 6-4 文明传承的模式变迁

作为人类文明发展的历史产物，数字文明必将催生更为丰富、更加个性化、多元化的文化形态和文化财富，人类文明将空前繁荣，人类社会将整体迈上更高的文明层次。另外，数字媒介将成为社会文化代际传递以及国际跨文化交流的核心载体，与之相适应的文明形式将传播得更为广泛、更为持久，一些无法与之适应的文明形态将面临被遗忘或被"标本化"的境地，文明赓续或将遭遇"数字断层"。

九、数据驱动将创新范式变革与路径创新

数字技术是推动数字时代来临的关键驱动力，也是数字治理的关键对象和工具。科学发现和科技创新在数字技术的推动下，衍生出了继经验范式、理论范式、模拟范式之后的"第四范式"——数据密集型范式，成为推动数字时代人类科技进步的核心驱动，各种仪器设备的观测数据、各类大型科学实验装置的试验数据、大规模计算的运算数

据、来自跨学科、横向研究的参考型数据，以及人类的统计学数据和在线行为数据等海量数据资源，或将推动人类迈入全新的知识生产阶段。

在此基础上，基于国家战略的科技创新、基于经济利益的产业创新和基于好奇心的科学发现将展现出各自不同的全新样貌：国家科技创新将呈现大设施、大数据、大体系的新特点；而以企业为主体的创新将进入快试错、快迭代、快分发的新阶段；个体创新将凭借海量数据信息、不断迭代的算法模型、无处不在的协同网络迅速发展，迈向以人机协同、全网协同为基础的个性化创新阶段。

数字时代，知识获取的低成本和便捷化、创新工具的平民化和多样化、技术扩散的高速化和直接化等一系列特征，将为科技创新提供前所未有的友好社会环境，大规模知识生产将推动人类社会进入空前繁荣的新阶段。

十、"多域联合"智能化作战将成为未来的主要冲突形式

恩格斯指出，人类以什么方式生产，就以什么方式作战。以自主无人、数字工程、智能算法等为代表的数字技术，将推动军事技术机械化、信息化、智能化融合发展。智能化武器装备作为"强国的利器""弱者的神器""凡间的暗器"，将从各个层面深刻改变传统国际安全格局，人类安全正面临前所未有的历史变局。

人类之间的安全关切焦点将由利益之争、权力之争向认知之争转移，使得误解与猜忌成为引发武装冲突及群体暴力的重要诱因。信息交流与沟通既作为消弭误解、避免战争的关键手段，又作为思想操控、认知争夺的关键环节，由传统意义上的辅助性军事手段上升为未来军事斗争的核心手段。

战争门槛的降低、战争伦理的变化将使得武装冲突的基本样式发生转化。陆海空天网五个作战域在数字技术作用下深度融合，军民一体、平战一体、虚实一体的数字

化对抗将是未来冲突的主要样式。为此而生的未来军事力量，将呈现出人员与装备混合、技术与战术融合、火力与智力融合等一系列全新特质。

参考文献

1.［德］托马斯·威施迈耶、［德］蒂莫·拉德马赫著，韩旭至、李辉等译：《人工智能与法律的对话2》，上海，上海人民出版社，2020。

2.［法］让·梯若尔著，张昕竹、马源译：《共同利益经济学》，北京，商务印书馆，2020。

3.［美］戴维·奥斯本、［美］特德·盖布勒著，周敦仁等译：《改革政府：企业家精神如何改革着公共部门》，上海，上海译文出版社，2006。

4.［美］亨利·基辛格著，胡利平、林华译、曹爱菊译：《世界秩序》，北京，中信出版社，2015。

5.［美］杰奥夫雷G.帕克、［美］马歇尔W.范·埃尔斯泰恩、［美］桑基特·保罗·邱达利著，志鹏译：《平台革命：改变世界的商业模式》，北京，机械工业出版社，2017。

6.北京大学课题组、黄璜：《平台驱动的数字政府：能力、转型与现代化》，载《电子政务》，2022（7）。

7.北京师范大学互联网发展研究院：《中国互联网企业社会

责任研究报告》，2020 年 10 月。

8. 范如国：《平台技术赋能、公共博弈与复杂适应性治理》，载《中国社会科学》，2021（12）。

9. 何圣东、杨大鹏：《数字政府建设的内涵及路径——基于浙江"最多跑一次"改革的经验分析》，载《浙江学刊》，2018（5）。

10. 黄璜：《数字政府：政策、特征与概念》，载《治理研究》，2020（3）。

11. 李锋、周舟：《数据治理与平台型政府建设——大数据驱动的政府治理方式变革》，载《南京大学学报（哲学·人文科学·社会科学）》，2021（4）。

12. 李韬：《深刻认识和把握数字治理的内涵与实践进展》，载《中国党政干部论坛》，2022（9）。

13. 李韬、冯贺霞、冯宇坤：《数字技术在健康贫困治理中的创新应用研究——以甘肃省临夏州数字健康扶贫实践为例》，载《电子政务》，2021（9）。

14. 李韬、冯贺霞：《平台经济的市场逻辑、价值逻辑与治理逻辑研究》，载《电子政务》，2022（3）。

15. 李韬、冯贺霞：《数字治理的多维视角、科学内涵与基本要素》，载《南京大学学报（哲学·人文科学·社会科学）》，2022（1）。

16. 李韬、刘弋锋、冯贺霞：《平台经济下的垄断与治理：新特征、新挑战、新对策》，载《社会治理》，2022（2）。

17. 李韬：《数字健康：构建普惠均等共享的卫生健康共同体》，北京，人民出版社，2021。

18. 欧盟网络安全署（ENISA）：《网络安全分析报告》，2021年10月。

19. 全球治理委员会：《我们的全球伙伴关系》，牛津，牛津大学出版社，1995。

20. 王伟玲：《加快实施数字政府战略：现实困境与破解路径》，载《电子政务》，2019（12）。

21. 王小林、张晓颖、冯贺霞等：《平台经济：数字技术与智能科技南南合作》，南南合作金融中心、联合国南南合作办公室：《数字世界中的南南合作》，北京，社会科学文献出版社，2019。

22. 王勇、刘航、冯骅：《平台市场的公共监管、私人监管与协同监管：一个对比研究》，载《经济研究》，2020（3）。

23. 魏礼群、顾朝曦、倪光南、汪玉凯、李韬：《数字治理：人类社会面临的新课题》，载《社会政策研究》，2021（2）。

24. 谢富胜、吴越、王生升：《平台经济全球化的政治经济学分析》，载《中国社会科学》，2019（12）。

25. 徐雅倩、王刚：《数据治理研究：进程与争鸣》，载《电子政务》，2018（8）。

26. 袁家军：《全面推进数字化改革 努力打造"重要窗口"重

大标志性成果》，载《政策瞭望》，2021（3）。

27. 中国信息通信研究院：《2021 数据安全行业调研报告》，2021 年 12 月。

28. 中国信息通信研究院：《2020 平台经济与竞争政策观察》，2020 年 5 月。

29. Armstrong M., "Competition in Two-sided Markets", *The Rand Journal of Economics*, 37(3), 2006, pp.668-691.

30. Biswas A, "Governance: Meaning, Defifinition, 4 Dimensions, And Types", *School of Political Science*, 2020, https://schoolofpoli ticalscience.com/defifinitions-and-types-of-governance/.

31. Boundreau K J, Andrei H., "Platform Rules: Multi-Sided Platforms as Regulators", *Information Systems & Economics*, 2008, https://ssrn.com/abstract=1269966.

32. Chakravorti S, Roson R., "Platform Competition in Two-sided Markets: The Case of Payment Networks", *RePEc*, 5(1), 2006, pp.118-143.

33. Coase R H., "The Nature of the Firm", *Economica*, 4(16), 1937, pp.386-405.

34. DavidL., "From 'Big Government' to'Big Governance' ?", in LeviHaurD. eds., *The Oxford Handbook of Governance*, Oxford, Oxford University Press, 2012, pp.3-18.

35. Evans D S., "Some Empirical Aspects of Multi-sided

Platform Industries", *Review of Net-work Economics*, 2(3), 2003, pp.191-209.

36. Farrell J, Katzm L., "Innovation, Rent Extraction, and Integration in Systems Markets", *The Journal of Industrial Economics*, 48(4), 2000, pp.413-432.

37. Geoffrey Parker, Marshall Van Alstyne, "Innovation, Openness, and Platform Control", *Management Science*, 64(7), 2018, pp.3015-3032.

38. Hoberg G, Phillips G., "Text-based Network Industries and Endogenous Product Differentiation", *Journal of Political Economy*, 124(5), 2016, pp.1423-1465.

39. Hufty M., "Investigating Policy Processes: The Governance Analytical Framework(GAF)", *Research for Sustainable Development: Foudations, Experiences and Perspectives*, 2011, https://ssrn.com/abstract=2019005.

40. Kaufmann D, Kraay A, Mastruzzi M, "The worldwide governance indicators: methodology and analytical issues", *World Bank Policy Research Working Paper NO.5430*, 2010, pp.1-31.

41. Milakovich, M. E., "Digital governance: New technologies for improving public service and participation", London, Taylor and Francis, 2012, https://doi.org/10.4324/9780203815991.

42. Parker G, Alstyne M V., "Innovation, Openness, and Platform

Control", *Management Science*, 64(7), 2018, pp.3015-3032.

43. Jean Charles Rochet and Jean Tirole, "Platform Competition in Two-Sided Markets", *Journal of the European Economic Association*, 1(4), 2013, pp.990-1029.

44. Roger G, L Vasconcelos, "Platform Pricing Structure and Moral Hazard", *Journal of Economics and Management Strategy*, 23(3), 2014, pp.527-547.

45. Simon Kemp, *Digital 2022: April Global Statshot Report*, 2022, https://datareportal.com/reports/digital-2022-april-global-statshot.

46. Vijay Khatri, Carol V. Brown, "Designing data governance", *Communications of the ACM*, 53(1), 2010, pp.148-152.

47. World Bank, *The Changing Nature of Work*, 2019, https://www.worldbank.org/en/publication/wdr2019.

48. Wright J., "Optimal Card Payment Systems", *European Economic Review*, 47(4), 2003, pp.587-612.

后　记

　　本书的写作源于我带领研究团队撰写的《数字治理发展研究报告（2021）》，这一报告于 2021 年 12 月 18 日在第十一届中国社会治理论坛上进行了发布，发布后，一些主管部门、机构和专家学者纷纷提出希望看到更完整的报告内容。北京师范大学出版集团的领导和编辑老师认为在当前数字转型和治理变革的时代背景下，这一报告具有一定的理论价值和实践意义，建议在原有报告内容的基础上进行扩充，形成书稿，为社会各界认识数字治理、了解数字治理提供基本的参考。尽管深知为文不易，我们还是接受了这一任务。

　　在书稿的写作过程中，我与北京师范大学互联网发展研究院的李睿深、冯贺霞、中央党校（国家行政学院）的王佳四人做了深入沟通、反复讨论，并深入北京、天津、浙江、黑龙江、深圳等地进行了深入的调研与访谈，组织了以"数字治理的科学内涵与实践价值""平台经济治理与健康发展""数据安全与数据治理"等为主题的专家研讨会，对数字治理的理论及重点专题进行了系统深入的研究、讨论，研讨会上专家们精彩的思想为本书的撰写提供了重要启发。

感谢国务院研究室原主任、国家行政学院原党委书记魏礼群教授对数字治理研究的大力支持。2021 年 5 月 19 日，在中国社会治理研究会数字治理分会成立会议上，魏礼群教授发表了热情洋溢的致辞，希望数字治理分会"坚持做到理论与实践相结合、知与行相统一，积极推进数字治理学术研究、理论研究和政策研究，坚持高起点、高标准、高要求，不断提供有价值、高质量的研究成果，努力办出高水平、办出新特色、办出影响力，打造数字治理学术创新、理论创新和实践创新高地，为推动我国社会治理数字化、智能化、现代化建设作出应有的贡献"。在策划本套丛书时，魏礼群老师"主动请缨"担任丛书主编，并在《新型社会治理智库丛书》首部作品出版之际，慨然作序，以示鼓励。感谢北京师范大学出版集团董事长吕建生 2021 年年末邀请我到出版集团做关于数字治理的专题讲座，并促成了该书的出版。感谢宋旭景编辑为本书的出版付出的辛苦劳动，她的认真态度和专业精神让我们非常感动。

需要说明的是，无论是数字治理理论，还是相关的数字治理实践，目前都还处于发展之中，加之我们对数字治理的研究起步不久、水平有限，书中存在的缺点和不足恳请各位专家学者、业界朋友等批评指正。

李　韬

2022 年 9 月 28 日于北京

图书在版编目（CIP）数据

数字转型与治理变革 / 李韬等著 . —北京：北京师范大学出版社，2023.1
ISBN 978-7-303-28128-2
（新型社会治理智库丛书）
Ⅰ.①数… Ⅱ.①信息产业－产业发展－研究－中国 Ⅳ.① F492

中国版本图书馆 CIP 数据核字 (2022) 第 146340 号

数字转型与治理变革
SHUZI ZHUANXING YU ZHILI BIANGE

李 韬 李睿深 冯贺霞 王 佳 著

策划编辑：宋旭景　　责任编辑：宋旭景
美术编辑：书妆文化　　装帧设计：王齐云
责任校对：陈 民　　　责任印制：陈 涛 赵 龙

出版发行：北京师范大学出版社	开本：730mm×980mm 1/32	版次：2023 年 1 月第 1 版
印刷：北京盛通印刷股份有限公司	印张：7.625	印次：2023 年 1 月第 1 次印刷
经销：全国新华书店	字数：110 千字	定价：58.00 元

北京师范大学出版社
http://www.bnup.com
北京市西城区新街口外大街 12-3 号
邮政编码：100088
营销中心电话：010-58805602
主题出版与重大项目策划部：010-58805385